2014年，在朱永新老师的组织下，“中国教育三十人论坛”成立，我忝任这个新型教育改革智库的秘书长。五年间，“中国教育三十人论坛”举办了许多活动，也组织研究，发布报告，在社会上有了一定的影响力。虽然很难衡量这些活动对推动教育改革的实际效果，但是我深信胡适先生的名言：“怕什么真理无穷，进一寸有一寸的欢喜。”

实话实说，整整30年前，当我走进河北师范学院（现为河北师范大学）的校门时，我就决心不做教师。虽然当过很短一段时间的教师，但最终还是脱离了教育行业，成为一个媒体人。可是谁能想到，此生还是与教育有缘。就像鲁迅的小说《在酒楼上》里的主人公吕纬甫所说，人生就像蜂子或蝇子，飞了一个小圈子，最后又回来停在原地点。

当然，我没有吕纬甫那样悲观。虽然“飞回来了”，但归来已不是少年，更没有《荷马史诗》里“如今我们回来了，你们看便不同了”的豪情。但是岁月磨砺，既让我深知一己之力有限，也让我深信坚持的力量和理性的价值。此心辽阔，何惧现实逼仄？作为媒体人，我愿意继续做教育的观察者；作为一个民间教育智库的负责人，我愿意踏实做事，为推动教育进步尽己所能。我相信，“成功不必在我，而功力必不唐捐”

我在编辑这本书的时候发现，这些采访时间前后跨度有11年之久。可是翻看其内容，竟然并没有过时，亦可见教育改革进展之慢。由于社会转型的加速和人工智能时代的逼近，教育改革更为紧迫。“未来不是我们要去的地方，未来是我们正在创造的地方”，这是朱永新老师的一句名言，它激励着我把每一个当下都作为新的起点，坚定而乐观地前行。

“凡是过往，皆为序章。”

是为序。

马国川

2019年6月18日于北京

序 言

我们从来都有前人递过来的一个肩膀可以踩上去的，忽然，那肩膀闪开了，叫我们险些儿踩个空。

直到今天，我仍然能够流畅地背诵《神圣忧思录》的这段题记。1988年，当我读到这篇报告文学时，还是一个高中生，涉世未深，但是足以被它所描写的中国教育危境所震动。事实上，《神圣忧思录》在当年曾风行一时，让无数人热泪长流，也让教育改革成为社会各界的共识。

从那时起的20年间，我从一个高中生到大学生，从老师到记者，距离教育越来越远，希望工程、失学儿童、教师欠薪、贫困学校等也都渐渐成为记忆，日益模糊。可是，作为一个关注新闻的媒体人，我的视野里每每涌动着流动儿童、择校热、大学扩招、学术腐败等问题。老问题消失了，新问题又出现了，还有些问题似乎无解，尤其是应试教育，更是愈演愈烈。

2008年，改革开放30周年，我采访了几位教育家，才惊觉在我被《神圣忧思录》感动的时候，大学曾有过一场热烈的教育改革。虽然只在少数大学里，却有许多勇敢探索，可惜后来被中断了。后来大学有钱了，但是教育体制未改，因此旧病未除，又添新病，世人曾经钦敬的“象牙塔”竟成为社会诟病的标靶。悲夫！

从那时起，我围绕教育问题采访了许多社会知名人士。其中有教育家，有经济学家，有社会学家，也有思想家。他们给我许多启发，也加深了我对中国教育问题的理解。我由此发现，和其他领域的改革一样，教育改革很难毕其功于一役。而且，由于教育牵涉更广，改革难度更大。唯其艰难，更值得奋斗。

图书在版编目（CIP）数据

看教育：名家答问录 / 马国川访谈. — 广州：广东人民出版社，2020.1（2023.1重印）

ISBN 978-7-218-13828-2

Ⅰ. ①看… Ⅱ. ①马… Ⅲ. ①高等教育－教育研究－中国 Ⅳ. ①G649.2

中国版本图书馆 CIP 数据核字（2019）第 196408 号

KAN JIAOYU: MINGJIA DAWENLU

看教育：名家答问录

马国川　访谈

出 版 人：肖风华

责任编辑：古海阳
责任技编：吴彦斌　周星奎
装帧设计：安　宁

出版发行：广东人民出版社
地　　址：广州市大沙头四马路 10 号（邮政编码：510199）
电　　话：（020）85716809（总编室）
传　　真：（020）83289585
网　　址：http://www.gdpph.com
印　　刷：永清县晔盛亚胶印有限公司
开　　本：880mm×1230mm　1/32
印　　张：9　　字　　数：251 千
版　　次：2020 年 1 月第 1 版
印　　次：2023 年 1 月第 2 次印刷
定　　价：58.00 元

看教育

名家答问录

马国川 访谈

SPM 南方出版传媒 广东人民出版社

·广州·

目录 Contents

周有光：今日中国为何出不了大师？ ·2

杨东平：教育改革，从80年代再出发（外一篇） ·16

朱永新：中国教育，从原点再出发（外一篇） ·46

钱颖一：中国教育首要任务在育人（外一篇） ·80

梁锦松：重新看教育 ·106

谢宇、汤敏、张力：高考改革路向何方？ ·122

金耀基：大学共和国 ·134

郭　位：大学的“心件”被很多人忽视了 ·156

朱清时：大学的灵魂是追求卓越而不是权力 ·170

章开沅：回归大学主体，回归教育本性 ·190

刘道玉：中国需要一场真正的教育体制变革 ·210

罗征启：大学里不能没有故事 ·234

杨福家：如何建立现代大学制度 ·256

周有光

今日中国为何出不了大师?

简介:

周有光（1906—2017），著名语言学家、思想家，汉语拼音方案的主要制订者，并主持制订《汉语拼音正词法基本规则》，晚年研究思想文化。著有《周有光文集》（15卷）。

中国教育还没有走上一条新道路

马国川：1923年您进入圣约翰大学学习。在《周有光百岁口述》（广西师范大学出版社2008年版）里您曾经提到，您在圣约翰大学接受的是博雅教育。请问，什么是博雅教育？这种教育思想对学生的学业和人格有什么样的影响？在圣约翰大学，您的最大收获是什么？

周有光：所谓博雅教育，是英文liberal education的汉语翻译，这个翻译非常好，把意境提高了。也有的译为通识教育，虽然没有前者那么“雅”，但是我觉得，可能跟原来的意思跟更接近一点。

什么叫通识教育呢？我的看法是，它包含两方面内容：第一个内容是，要培养基础知识。近现代以来的传统是，把国（文）、英（语）、算（术）视为基础知识。基础要培养得好，主要在中学阶段，因此中学是最重要的。如果基础培养不好，以后的教育就困难了。现在好多大学生忙得要死，为什么呢？他们进了大学还要读英文背单词。可是我们那时候，中学时代的英文就能很好地应用了，中学毕业出来就可以达到ABE（adult basic education，成人基础教育）水平了。到了大学，学生就可以运用基础知识来获取更高层次的纯知识。因为基础知识，特别是语言知识，不是纯知识，而是工具知识；是获取知识的知识，是一种工具。所以，即使一个人懂得几种语言，也是不能增加知识的。通识教育的第二个内容是，学习逻辑思维，培养独立思考的能力。这是非常重要的。那个时候圣约翰大学有一本小册子，专门给来访客人参考的，里面讲学校的宗旨是“培养良好品德”。现在有人说要“培养高尚人格”，“高尚人格”的讲法就太高了吧。

在我们那个时代，大学毕业生都不是专家，只不过是受过一些基本训练的普通人，专家要在大学毕业以后再培养。1949年以后，完全不一样了，因为中国学习苏联的教育模式；在苏联，大学毕业就是专家了。

我在圣约翰最大的收获是什么呢？我想，最大的收获就是学会了怎么自学。学问是要自己学的，老师只不过指示道路给学生。

马国川：50岁的时候，您才离开银行界和经济学界，调入中国文字改革委员会，从事语言文字工作，成为语言学家，并且取得了卓越成就。这在今天看来，简直是不可思议的。您成功的奥秘是什么？是否得益于博雅教育？

周有光：我的成就很小，不值得一谈。

通识教育对我的好处，就是在学校里面选的课程比较广，同时学会了怎么样自修，有这两点要改行就不大困难了。我在大学读书时，主修的是经济学，同时对语言文字有兴趣。因为受了通识教育的好处，知识基础比较广，所以改行没有产生大困难。

马国川：作为一所教会大学，圣约翰大学对学生进行的教育有意识形态色彩吗？1949年以前，全国有许多教会大学，您怎么评价教会大学对中国教育的作用？

周有光：这个问题很重要。“意识形态”这一个名词，从前我们都不知道，直到我大学毕业，都不懂什么叫做意识形态，当时根本没有这个说法。它是从苏联来的。

对于教会学校的作用，我的看法是这样的。教会学校的确是帝国主义的工具，一方面进行文化侵略，另外一方面又传播新文化。帝国主义有两个方面，教会学校当然也有两个方面。帝国主义是侵略的，造成了许多殖民地或半殖民地。然后，一些落后国家和地区慢慢从半封建半殖民地慢慢地转向资本主义。中国历史并没有成为这个历史序列中的例外，我们是一样的，印度也是这样子的。全世界多数地方都受了帝国主义的影响，遭受了侵略，同时也得到了文化、社会的发展，今天还在发展当中。

教会学校也有精华，不是只有糟粕。我们摆脱殖民统治之后，应当考虑“弃其糟粕，取其精华”。

马国川：1949年以后，您曾经在复旦大学和上海财经学院讲授经济学，见证并亲历了新中国进行的“院系调整”。当时为什么要进行“院系调整”？现在对当时的这种做法有很多质疑，您怎么评价这次“教育革命”？它给中国教育带来什么样的影响?

周有光：中华人民共和国成立以后，原来的整个教育制度被完全打破了，所有的学校像零件一样被拆开，完全按照苏联的教育模式重新组装，专业越搞越细。可以说，通识教育这条路当时被彻底放弃了，全是苏联的专业分工方法，大学一毕业就变成专家了。那时候讲求“速成教育”，大学本来四五年，后来改为三年，甚至改为两年，都是速成的思想。当时人家也问我，速成好不好？我说，需要一批速成的人，可是不能大家都“速成”啊。

这是一种短视的政策，到苏联瓦解以后看得更加清楚了。现在我们知道，这个政策流弊很大，阻碍了社会发展。改革开放以后，我们进行了大规模的重新改组，比如清华大学又有文科了。其实1949年以前清华大学有名气的是文科，不是理科。可是1949年以后清华大学成为“理工科大学”，把文科都拆散到其他大学里，30多年后不得不重建。许多大学都经过了这样的折腾。

一直到今天，中国教育还没有向先进国家的先进制度看齐，还差得很多。中国教育制度离开了苏联教育模式，可是还没有走上新的道路，却走上了一条错误的道路——官僚化，尤其是在大学教育里，这类问题比较突出。我年龄大了，不能参加社会活动，可是来的朋友很多，其中不少是大学来的朋友，所以知道一点情况。应当说，今天的教育很多地方都有问题。

为何出不了大师？

马国川：就像刚才您讲到的，现在大学教育问题多多，学术抄袭、教授造假等现象层出不穷，为什么会出现这种局面？即使是名牌大学，对于教授抄袭事件也装聋作哑，既不进行调查，也不回应。您怎么看待这类事件？

周有光：我看到了一些材料，这些材料告诉我，学术抄袭、教授造假，完全是由于大学的官僚化。它是官僚化的一个派生现象，所以，关键在于“非官僚化”，而不能“弃本从末”。

不知道从什么时候起，官员读博成为新风气，官僚都要有一个学位头衔，他们大批进入大学，于是就创造了“在职博士生”这个奇怪的现象。这样，产生了大批没有知识的博士、空头的教授。

这种情况到今天还没有改变。有什么办法解决问题呢？我想，办法就是“非官僚化”。官僚化不改，问题不可能解决。上海一个教授来告诉我，大学有两种假教授：一种是“真的假教授”，交一笔钱，大学给你一个客座教授之类的聘书，这是“真的假教授”；还有一种是“假的真教授”，一个系升格为学院，来了一个院长、两个副院长，他们一定是教授，其实不学无术，是“假的真教授”。这些都把教育的尊严和威信一扫而光。

至于名牌大学的教授抄袭，我看了许多材料，不去研究个案，我们要研究整个现象。名牌大学面对抄袭事件装聋作哑，是非常不正常的。

马国川：学术抄袭、教授造假等现象之外，假文凭泛滥也是一个值得注意的社会现象，例如最近的唐骏假文凭事件，就闹得沸沸扬扬。在您看来，为什么今天的中国假文凭泛滥？

周有光：唐骏是我的老乡，常州人，还有一个糟糕的事，我是常州中学的毕业生，他也是常州中学毕业的，只是前后差了几十年。报纸新闻说，唐骏到常州中学去演讲，虽然文凭是假的，可是本地人还拥护他呢。可见，今天有些风气是坏得不得了。

学问和管理能力是两码事。有的人有管理能力，能办事，可是不能搞学问；有的人有学问的天赋，可是不能搞管理。唐骏这个人有管理能力，可是在我们现在的制度之下，有了社会地位还要一个文凭，怎么办？只有造假了。后来报纸上不是登了吗？只要给一定的钱，美国西太平洋大学就给一个硕士或博士学位。

为什么今天的中国假文凭泛滥？因为我们这个社会对假文凭还有一定的市场。我拿过几张文凭，有国内的，有国外的，现在没用处。我一生里，文凭没有用处，人家也不问我有没有文凭。不重视文凭，也就没有假文凭了，我们今天重视文凭不重视知识，假文凭当然就出来了。

马国川： 国务院总理温家宝多次在公开场合提问“中国为什么出不了大师”，您认为原因是什么？在您看来，目前中国教育存在的主要问题是什么？

周有光： 我想，对于温家宝总理的问题，唐代大学问家韩愈早已答复了。韩愈在文章里说，“世有伯乐，然后有千里马。千里马常有，而伯乐不常有”，“策之不以其道，食之不能尽其材，鸣之而不能通其意”。这很重要，马叫是表示意思的，你不懂它，伯乐怎么做呢？“执策而临之，曰：‘天下无马！’呜呼！其真无马邪？其真不知马也！”

这个答复非常好。韩愈已经答复温总理了，用不着我来回答了。

马国川： 没有独立思想怎么能成为大师呢？

周有光： 还有，要做“大师”有许多条件。比如，“右派”是不能做“大师”的。苏联瓦解，我看到国外材料说高尔基被否定了，我大吃一惊，高尔基就是苏联培养的大师啊。

蔡元培曾提出八个字“学术自由，学校自治”，所以他造就了一所好的北京大学。国外都是这样子，世界上的好大学没有一个不是学术自由、大学自治的。

马国川： 您对最近通过的《国家中长期教育改革和发展规划纲要》有何评价？

周有光： 我没看到这个《纲要》，不能评论。你告诉我它的要点是什么吗？

马国川：抱歉，我也说不出有什么要点来。

周有光：它里面有没有讲学术自由？

马国川：没有讲，但是提到大学要“去行政化”。

周有光：这话不通啊。大学需要行政，不是“去行政化”，而是“去官僚化”。大学房子要维修，校园要做清洁工作，这是行政工作。官僚化跟行政是两码事，大学要有行政，但是不能要官僚。所以“去行政化”是错误的，要“去官僚化”才对。

马国川：为什么中国的应试教育发达？如何改革应试教育？

周有光：中国一向是要考状元，考得好才能做官嘛。应试教育是中国最发达的，有两千年的传统。我们缺少的不是应试教育，我们缺少的是科学教育。

马国川：您的意思是，如果改革应试教育，那就要用科学教育取代应试教育。

周有光：对啊。新的教育部部长袁贵仁上任后，我给他写过一封信，提了两点建议。第一点，从大学做起，学术自由；第二点，小学生、中学生大量的无效劳动要取消。现在小孩子忙得要命，睡觉都不能好好睡，苦得要死，知识还是学不好。为什么呢？大量的无效劳动。他很客气，打电话过来说“谢谢”。

如果不许批评，那怎么是真理呢？

周有光：我们今天教育为什么搞得这么糟糕呢？因为我们没有科学的教育学，教育当然搞不好。为什么没有科学的教育学？因为中国没有引进科学的教育学。我们今天引进了国外的自然科学，至于社会科学，现在只引进了一个部分——经济学，因为我们要发展经济啊。至于社会科学的其他学科，还差得非常远。

马国川：社会科学的发达与否，决定了能否培养出真正的大师。但是许多人批评说，中国现在社会科学中玄学和形而上学盛行。那么，如何克服社会科学中的玄学与形而上学问题呢？

周有光：这个问题很重要。人类的思维经过了三个阶段。第一个阶段叫神学思维，神学思维都是迷信；第二个阶段叫玄学思维，玄学思维是信仰；第三个阶段是科学思维，科学思维讲究实证。三种思维是完全不一样的。

意识形态属于玄学思维，这个概念也是玄学思维的概念，不是科学的，科学领域里面没有什么意识形态。从科学角度来看，社会科学和自然科学同属于科学思维，意识形态属于玄学思维，是两个阶段的两种不同思维。

意识形态不是社会科学。意识形态是要求人家信仰的，比如苏联时期，公民能够批评质疑官方的意识形态吗？苏联曾经把社会科学进行改造，作为宣传意识形态的手段。苏联瓦解以后，俄罗斯的学者对于这个问题进行了深刻的批判，很有水平。叶利钦宣布俄罗斯共和国成立的时候，也彻底否定了以前的意识形态。经过深刻的批判，现在俄罗斯已经把社会科学跟意识形态分开了。可是，今天俄罗斯的统治集团跟知识分子不一样，统治集团要建立一个强国，知识分子就讲知识、讲学问、讲真理。这是两码事。

社会科学和自然科学都是科学，把社会科学跟自然科学截然分开，这是错误的。按照今天世界的常识来讲，社会科学和自然科学同样都需要进行严格的实证检验。什么叫实证呢？实证就是实践，实践是检验真理的唯一标准。有的人写文章说，这句话是胡适讲出来的。

马国川：这句话出自《胡适自传》，原话是，“只有实践证明才是检验真理的唯一标准”。这与中国大陆70年代末思想解放运动的口号“实践是检验真理的唯一标准”只有数字之差。

周有光：什么叫真理呢？真理，可以今天批判它、否定它，明天还可以批判它、否定它，在不断被批判被否定当中能站得住，那才是真理。如果不许批评，那怎么是真理呢？

苏联的垮台证明，苏联走进了一个历史的误区。要恢复社会科学的本来面目，就要提倡民主。

我在一本杂志上看到一篇文章《回归五四，学习民主》，写得很好。民主不是一个简单东西。什么叫民主？民主不是资本主义国家的新发明，也不是它的专利品。民主是三千年来的历史经验的积累，现在还在一步步渐进。关于民主的最新表现，有八个字可以概括：电视辩论，国际观察。若干年前俄罗斯选举，国际观察员都拒绝去观察。为什么？他们已经知道俄罗斯选举是假的。

今天我们要重新建设中国，就要从五四开始，回归五四，学习民主。

原载《读书》2010年第10期，收入本书时有修订

采访手记 奇迹老人

北京有许多新奇的胡同名称，我无端觉得，这些胡同里都住着高人。位于朝阳门内大街的后拐棒胡同就是其中之一，“汉语拼音之父”周有光先生就住在那里。

几经改造，胡同早已没有了旧日的模样，只是一条不长的过道而已。路的尽头，几栋灰色的老式低层楼房组成了一个小区。虽然距离喧嚣的大街并不远，但是小区里很安静。周老住在三楼，没有电梯，只能拾级而上。一梯两户，我按响东侧的门铃，保姆小田开门将我迎进北侧的客厅。

客厅狭小简陋，似乎从来没有装修过。一个沙发仅容两人，两个再简单不过的书架倚墙而立，图书寥寥。在北面的窗台下，有一张小书桌。不，准确地说，应该是由两张小课桌拼凑而成的桌子，因为我在家乡农村读小学时，教室里摆放的就是这样的课桌。漆色斑驳，桌面上纵横贴了许多透明的胶条，就像有调皮的小学生刚刚用过一样。这一切，让人恍若时光倒流。

106岁的周老从书桌旁站起来欢迎我的到来。他脸色红润，精神矍铄，笑眯眯的，就像图画里的老寿星。坐下不久，他又讲起他亲身经历的笑话——

> “文革”中我在宁夏“五七”干校接受“再教育”，当地经常有大雁飞过。一天清早集合开会，我一看天气好，就戴了一顶大草帽。九点、十点的时候，大雁来了，铺天盖地。领头大雁一声怪叫，大雁们下大便。我戴了大帽子，身上只有一点点大便，许多人身上都是大便，洗都不好洗。这

种情况大概一万年才遇到一次。

这似乎是周老的“保留节目”。自从我在张森根先生的带领下第一次拜访周有光先生以来，每次来到这里，周老都会说这个笑话，而且每次都笑得像孩子一样开心。这，可能就是孟子所说的“大人者，不失其赤子之心者也”。正是这份“赤子之心”，让这位老人安居陋室，笑对人生。

诚如一位历史学家所说：“20世纪是中国人受苦受难的世纪，内忧外患纷至沓来，几乎没有一天停止过。”在这样一个人人朝不保夕的漫长乱世中，周老竟然能够平安走过一个多世纪的沧桑，实为人间奇迹。面对老人家，我每每觉得历史如此生动，似乎可以触摸。当周老出生的时候，慈禧太后还在掌握中国的最高权力。当他从圣约翰大学毕业时，鲁迅先生正在同城的亭子间里写作；当他从上海来到北京、从经济学家转行成为语言学家的时候，社会主义“三大改造”正如火如荼。周老就像一根坚韧的缆绳，没有被百年风云动荡磨断。他将近代历史串联起来，我真实地感受到历史从未走远。

历史让人丰富，也可以让人成为留恋过去的化石。周有光先生信息灵通，思想先进，远在许多年轻人之上。虽然他不利于行，很少出门，可是对世界大事了如指掌，对中国现实尤为关切。他对世界和中国发展的大势看得很清楚，见解精彩，妙语连珠。世界金融危机爆发后不久，周老提醒国人说，现在是一个全球化的时代，不能自我封闭，“要从世界看中国，不要从中国看世界”。他还在纸上一笔一画地写下这句话。作为一个记者，我把这句充满智慧的话奉为自己的座右铭。后来我将近年来采访国际人士的文字结集为《看中国》一书出版，也是受到周老的启发。

在轻松幽默的气氛里，我开始向周老请教教育问题。他有问必答，娓娓道来，就像一个循循善诱的老先生。周老本身就是一个教育的奇迹。他大学时的专业是经济学，前半生从事金融，后半生转向研究汉语拼音。对于今天的人们来说，这是一个不可思议的“跨界”。可是，就是这个“半生改行”的人，竟然和同事们研究制定了《现代汉语拼音方案》，为提高整个民族的教育水平做出了巨大贡献。这是博雅教育创造的奇迹，可惜这种教育后来被抛弃，于是“今日中国为何出不来大师”成为人们不断的追问。他以一百年的尺度来审视和评价近代中国教育的发展，是其所是，非其所非，思路清晰，如老吏断狱。采访稿后来发表时，也仅是稍加整理而已。

采访近两个小时，周老一直兴致勃勃，毫无倦色。在学界，得享期颐高龄的大师不乏其人（如德国哲学家伽达默尔享年102岁），但是如周有光先生这样高龄仍在思考、写作者，并世无第二人。我望着这位淡定从容的老者，心想，对于苦难深重的中华民族来说，拥有这样一位豁达睿智的老人，也是一种文化上的补偿吧。

杨东平

教育改革，从80年代再出发（外一篇）

简介：

杨东平，1949年生，21世纪教育研究院院长，北京理工大学教授，国家教育咨询委员会委员。著有《教育的重建》《艰难的日出——中国现代教育的20世纪》等。

刚刚进入2009年的第五天，各大媒体都在醒目位置刊登了国务院总理温家宝的文章《百年大计　教育为本》，引起了各方面人士的关注。

作为“出生在农村的一个教育世家”的总理，温家宝对教育似乎有非常浓厚的感情，他与一些教师的交往也成为人们津津乐道的话题。同时，他对目前教育存在的问题也高度关注。面对民众对教育的不满，温家宝在中央党校的一次讲话中回应说，现在的教育发展还不能够完全适应全面建设小康社会的要求，教育质量亟待提高，教育投入亟待增加，教育体制急待改革。在几个公开场合，他都清醒地发出锥心之问：“中国为什么出不了大师？”

2008年8月29日，温家宝总理主持召开了国家科技教育领导小组第一次会议，听取教育部关于制定《国家中长期教育改革和发展规划纲要》工作情况的汇报，审议并原则通过《规划纲要》制订工作方案。自此，围绕着《规划纲要》的制订，新一轮教育改革在改革开放30周年之际正式破局。鲜为人知的是，温家宝亲自担任领导小组组长。而《百年大计　教育为本》一文，就是他在这次会议上的讲话。在文章里，他强调了教育工作的重要性和制订《规划纲要》的重大意义，并具体提出了《规划纲要》需要明确回答的八个重大问题。

温家宝说，教育是重大民生问题，全社会都很关心。规划的制订要开放，充分听取社会各界的意见，特别是校长、教师、学生和家长的意见。每一类规划和一些重大问题，都可以拿到全社会讨论，“在争论中求得共识，得到认同”。事实上，从2008年8月开始，《规划纲要》制订工作方案就开始征求专家及有关方面的意见建议。2009年1月7日，教育部新闻发言人宣布，《国家中长期教育改革和发展规划纲要》从即日起到2月底将向社会各界开展第一轮公开征求意见工作。温家宝文章的发表无疑推动了民众对《规划纲要》的关注和讨论。

2008年年底，主管教育工作的国务委员刘延东在教育工作会议上表示：要以纪念改革开放30周年为新起点，解放思想，改革创新，开创教育事业科学发展新局面。

在此前不久，清华大学原党委书记陈希被任命为教育部副部长。在教育部的网站上，55岁的陈希排在63岁的部长周济之后，名列副部长之首。这位清华大学化学工程系的毕业生，至今仍然是清华大学百米赛跑的纪录保持者。他离开工作学习33年的清华大学，很有可能要担当更大的领导责任。

箭在弦上，一场声势浩大的教育改革蓄势待发。教育改革，不但关切百姓民生，更关系到中国未来社会的发展。它需要高层的决心，更需要大众的智慧。就此，笔者采访了北京理工大学教育科学研究所所长杨东平教授，请他就教育改革问题发表了看法。

教育改革被延误了

马国川：最近《国家中长期教育改革和发展规划纲要》正在向社会各界公开征求意见。作为一个长期研究教育问题的学者，你一定很关注这个问题。

杨东平：非常关注。我特别注意到，教育部在征求意见的公告里，开列了36个问题“希望社会各界积极建言献策”，“教育体制改革”也在其中。这是一个非常重要的问题，目前教育上诸多问题都与教育体制改革滞后有密切关系。

我把1978年以来中国的教育分为四个阶段：第一阶段是1978年到80年代初期，主要是恢复重建；第二阶段1985年到1989年，全面推进教育体制改革；第三阶段是90年代初到2002年左右，所谓“教育产业化”的时期；从2003年至今可以看作第四阶段，在新的发展观的背景下，开始重新调整教育路线。

马国川：恢复重建阶段也就是拨乱反正。

杨东平：大多数公众不了解，或者没有意识到，70年代末那场拨乱反正，在教育领域却是半途而废，或者说只完成了一半。完成了哪一半呢？恢复了一个常识，就是要尊重知识、尊重教育，这是必需的。但是，如何发展教育？在世界新技术革命浪潮澎湃的背景下，怎么来构建新的教育体制？在这个问题上没有产生新思维，而是采取了简单的回到50年代的办法。

马国川：就是回到计划经济体制下办教育的老模式上去了。

杨东平：对，这是教育领域和经济领域最大的区别。经济领域抵制、抛弃了“回到50年代”的选择，逐步以市场经济取代了计划经济，而教育却不假思索地重新回到50年代的计划体制、苏联模式上去。今天教育领域的大多数问题在50年代已经存在了，这都是计划经济体制下形成的。

马国川：像应试教育问题，50年代毛泽东就严厉批评过。

杨东平：经济领域、社会领域发生了巨大变革，而教育领域没有根本改变，这是根源，导致教育滞后于社会发展。什么是好的教育？怎么开展一种能够兴国的、人民满意的教育？这是一个挑战，并不是说只要尊重教育，加大投入，问题就解决了。今天世界各国对教育的重视，与其说体现在教育投入上，不如说体现在教育改革上。

马国川：在这个意义上，教育的竞争成为一场教育改革的竞争。

杨东平：美国历任总统无不重视教育改革，韩国大选打的都是教育牌，总统候选人提出了一整套的教育改革方案。现代国家对教育改革的重视程度，是中国难以想象的。中国的教育改革被延误得太久了。教育、医疗、住房被称为新的“三座大山”，医改、房改都早已开展了，但是教改直到最近才刚刚启动，总算提上了议事日程。

80年代的教育改革被中断了

杨东平：中国当代真正的教育改革从1985年开始，这一年中共中央发布了《关于教育体制改革的决定》，确定了教育现代化的任务。

马国川：其实1983年邓小平就提出三个面向，“教育要面向现代化，面向世界，面向未来”。

杨东平：这是教育现代化的纲领，但是究竟怎么做，并没有一个很清晰的方案。1985年提出教育体制改革的《决定》，算是全面破题。关于《决定》出台的过程，去年胡启立写了一篇文章，详细记述了起草过程。80年代末，中央开始制订第二个教育改革方案。1989年4月初，胡耀邦最后一次参加政治局会议，突发疾病，就是讨论这个文件。可惜的是，后来因为形势巨变，第二个教育体制改革的决定搁浅了。

马国川： 还真不知道有这个决定。

杨东平： 现在回顾80年代的教育改革，至少有这么几个特点。第一就是经济、科技、教育改革同步推进。这与当时关于世界范围内新技术革命的启蒙直接相关，《第三次浪潮》成为朝野共读的改革教科书。也正是在那时，确立了“科教兴国”的国家战略。1984年和1985年，中共中央连续发布了《关于经济体制改革的决定》《关于科技体制改革的决定》和《关于教育体制改革的决定》，到了1986年以后，还加了一个政治体制改革，把政治体制改革提上议事日程。经、科、政、教同步推进，并驾齐驱。

马国川： 当时并非只重视经济改革，这个理念现在看来仍然是非常超前的。

杨东平： 这反映了那一代领导人的高度，他们非常清楚地认识到教育、科技的重要性及其对经济现代化的重要性。

第二个特点，是非常明确地以体制改革为中心，三个《决定》都是讲体制改革，抓到了问题的核心。要解决这些领域存在的问题，要适应社会现代化的发展，必须进行体制改革。《中共中央关于教育体制改革的决定》提出，“教育工作方面的‘左’的思想影响还没有完全克服，教育工作不适应社会主义现代化建设需要的局面还没有根本扭转”，“要从根本上改变这种状况，必须从教育体制入手，有系统地进行改革”。

第三个特点，是80年代全社会参与改革的精神。那时衡量领导才干，就看他能不能“开创改革开放的新局面”。敢为天下先，锐意改革，勇于开拓，当年的社会氛围和精神状态是今天难以想象的。现在回头来看，当时整个社会的开放氛围远远不如现在，怎么会涌现出一批优秀的改革家、教育家，涌现出一批高校改革的案例？确实难以想象。

马国川：80年代教育体制改革，究竟做了哪些事情？今天回头看它还留下了什么？

杨东平：80年代教育体制改革的绝大部分内容都是正确的，相当一部分内容到今天为止还没有完成，也有一些当时实现了，后来又往后退了。有几个比较大的事：第一，确定了实行九年义务教育的制度。第二，基础教育的管理权限下放给地方，由各个地方政府管理。简政放权无疑是正确的，但是后来在执行过程中，出现了层层下放，逐渐变成以乡镇为主的管理制度，造成了农村义务教育的困境。第三，教育部的职能转换，将教育部改为具有更强综合统筹功能的“国家教育委员会”。当时国家已经认识到，教育不仅仅是学历教育、学校教育，不仅仅是教育部的事情，需要包括人事部、劳动部、科技部等各个部门共同努力，要加强教育行政部门综合统筹的能力。

马国川：它们成了“大教育部”，而且是由国务院副总理兼任国家教委主任。

杨东平：但是到1998年的时候，又重新恢复了教育部，没有任何解释。从教育管理角度讲，这是一个倒退，丧失了曾经有过的功能。今天这一轮教育改革，教育行政部门综合统筹职能还要扩大，还应该搞“大教育部”。

80年代教育体制改革最最生动、最有声有色的，是高等学校管理体制改革。当时高等学校的改革是非常深刻的，明确地提出了落实大学的办学自主权，实行校长负责制。

马国川：要恢复高等教育的活力，最终还是要依靠教育家办学。

杨东平：当时没有提出教育家办学，但校长负责制的理念已经有了，党政分开，校长对学校负责，聘请合适的人来当大学的校长，而不是“教授家中坐，校长天上来”。当时有100多所学校成为大学校长负责制试点，涌现出了一批教育家，像武汉大学的刘道玉、华中理工学院的朱九思、深圳大学的罗征启等。校长负责制改革因众所周知的原因，在1989年被终止。

马国川：1998年制定的《高等教育法》，把“党委领导下的校长负责制”用立法的方式固定下来了。

杨东平：开始是不再扩大新的校长负责制试点，后来就说不再设试点。1998年《高等教育法》立法过程中，对此争议很大，三审才通过。不少人不同意改变校长负责制，因为它是现代大学治理的基本制度。事实上，无论1949年之前在解放区、根据地的高校，还是50年代初，都实行这一制度。1956年5月，高教部颁发试行的《中华人民共和国高等学校章程草案》，仍规定大学实行校、院长负责制，校、院长领导学校的全部工作，代表学校处理一切问题。1956年底，在当时特定的社会政治环境中，这一制度才发生变化。现在到了重申大学实行校长负责制的时候了！

马国川：我注意到，80年代的教育改革强调淡化学校的行政级别。

杨东平： 当时所有高校都是局级，不管是清华、北大，还是地方的高校。这样做就是为了淡化，淡化是为了取消。可是90年代之后，由于种种原因，高校的行政级别又重新被强化，现在竟然有39所所谓的“副部级大学”！

发展压倒了改革

马国川： 有一次去采访刘道玉，他说90年代以后的教育只有发展，没有改革，发展压倒了改革。

杨东平： 90年代以来的教育有两个特点：第一个特点是“发展大于改革”，第二个特点是“单纯财政视角的改革”。那就是说，如果说90年代也进行了一些教育改革，主要是围绕着弥补教育经费不足，让学校搞经营创收，或者说是教育改革的经济主义模式。

马国川： 让学校去创收，就是相关方面推卸、放弃责任。

杨东平： 90年代以来教育的“跨越式发展”，农村基本普及九年义务教育。高等教育的招生数，2006年比1998年增加了五倍左右，可是教育投入一直徘徊在2%—3%之间，没有明显改变。直到现在，也没有达到1993年提出的到2000年国家财政性教育经费占GDP的比例为4%的目标。很多外国人很惊奇，很羡慕，政府不花大钱，还能让教育大发展。其实这经验是没法学的，就是靠老百姓掏钱，靠银行贷款。关键是，虽然教育实现了数量、规模上的大跃进，但是，在某种程度上是以牺牲教育的品质——包括教育质量、教育公平等等——为代价的，需要很长时间才能慢慢恢复。教育行政化和教育产业化，这两股力量造成了对学校教育品质的伤害。

马国川：您怎么看待“择校费”的问题？

杨东平：“择校生”“择校费”制度，明确地把钱学交易制度化、合法化，使人可以用金钱来交换教育机会。我相信古今中外都没有这样的先例。这在过去是为人所不齿的，择校收费在90年代初是偷偷摸摸，不能上台面的。后来就认为，既然有这个需求，“愿打愿挨”，所谓的市场规则，还不如让它存在，干脆把它合法化。“择校费”首先从高中开始。理论上义务教育阶段是禁止择校的，因为连学杂费都免了，怎么还能高额收费。但是，义务教育阶段的名校普遍地招收择校生；而且因为没有规范，更加肆无忌惮，如北京市小学的择校费要高于高中。对这样大面积出现的违反《义务教育法》的行为，这样大规模、赤裸裸的钱学交易，视而不见，听之任之，是非常可悲的。2008年有媒体揭露，北京市中关村三小收取择校费过亿元！难道民办学校不能以盈利为目的，公办学校就可以公开地大规模地赤裸裸地以盈利为目的吗？！

义务教育的正常化在北京是最难实现的

马国川：您为什么把2003年以来的时段称为教育的第四阶段？

杨东平：因为提出了“以人为本”的科学发展观、建设和谐社会这样新的概念，国家的社会发展观发生了重大转变。很多人或许会认为“以人为本”仅仅是一个口号，但它实际是非常深刻的，教育领域还没有真正理解这个概念的价值。

今天我们认识到，教育具有两种不同的功能，一方面，教育对于国家的命运、民族的未来具有全局性、战略性、基础性的重要作用；另一方面，教育与每一个儿童、每一个家庭密切相关，教育同时也是一个关乎民生的事业。所以，我们既要举办能够兴国的教育，也要举办“人民满意的教育”，体现的就是这两种不同的功能和价值。

另外，“以人为本”在教育过程中，不仅应体现为“以学生为本”，而且应当是“以每一个学生为本”。所谓“一切为了学生，为了学生的一切，为了一切的学生”，不能只关注优秀生、尖子生。教育需要人性化和个性化，每一个儿童都需要不同的对待。因此，贯彻落实“以人为本”的理念，对现行学校教育而言，是一场革命性的变革，是要构建一种全新的教育。

马国川：这样一种教育理念，需要制度来支撑。在现实的层面上，基础教育领域的诸多问题，如择校热、应试教育等，很多人认为是没有办法解决的。

杨东平：我不这么认为。虽然这一问题从50年代就出现，到今天也没有得到解决，而且愈演愈烈。但是，我觉得这个问题是完全有解的。择校热、应试教育等问题，主要是等级化学校制度造成的后果。50年代中国工业化初期的时候，当时还没有实行义务教育，国家集中力量办好一小批重点学校，基础教育的功能就是为上一级学校输送拔尖人才，当时中小学工作方针就是这样说的，非常明确。

马国川：也就是说，等级化的学校制度是50年代的模式？

杨东平：培养少数拔尖学生，输送到上一级学校，这完全不是全民教育、义务教育的理念。其结果是把小学升初中的考试、初中升高中的考试都变成了“小高考”。1986年实行义务教育制度以后，这种做法的合理性彻底消失了，因为义务教育是国家举办的面向每一个儿童的，强迫的、义务的。重点学校制度在理论上已经不具有合法性，80年代后期到90年代中期，国家教委多次重申过取消重点学校。但我们今天的现实是大家仍然在变本加厉地维系这一制度，只是换了一个名字，叫示范学校、实验学校等等。正是这种少数“优质学校”与大多数普通学校甚至薄弱学校并存的格局，造成了家长不得不择校的刚性结构和“倒逼机制”。

马国川：我们一直觉得很奇怪，现在比50年代已有明显的改善了，学龄儿童急剧减少，优秀教育资源极大地增加，择校怎么会比过去更严重了呢?

杨东平：义务教育阶段学校应该均等化，不应该有重点学校、豪华学校。我国促进义务教育均衡发展的目标，在2002年就提出了。实现义务教育的正常化有一些行之有效的制度、办法，不像有些人想象的那么难。首先是学校硬件资源的均衡，第二步就是均衡教师的资源。通过教师流动制度，促进学校之间的均衡发展，这也是日本、韩国的经验，我国沈阳等城市也有成功的实践。

很多地方政府之所以不作为，是因为已经形成了一个强大的利益群体，名校当然不愿意丧失自己的垄断地位。这是择校问题难以解决的关键。

马国川：靠资源的堆积，靠金钱和权力，靠特殊政策，这样的名校是不令人尊重的。

杨东平：学校之间肯定会有差别，但这种差异应当是自然形成的。过去的名校，主要是靠教育家的努力形成的，而不是靠特殊政策。政府行为本身一定要公正。

义务教育均衡发展的目标在北京最难实现，可能是最后实现的，这是因为北京的利益格局比较复杂，这种利益格局的改变也最难。如果要改的话，必须痛下决心，伤筋动骨。

构建新型的政校关系

杨东平：关于这一轮教育改革，我们很郑重地提出一个问题：改变教育部办学的思路，构建新型的政校关系。现在是把学校作为政府的行政下属，所以形成的格局是“教育部办大学，教育局办中小学”。

马国川：教育局局长就是一个大校长，中小学校长听命于教育局局长，大学校长听命于教育部部长。

杨东平：这是典型的教育行政化现象。教育部必须转变职能，最核心就是下放教育权力，没有一个国家的教育部能够直接办七十几所大学！要教育家办学，而不是教育部办学。我们已经确立了创建世界一流大学的目标，实行的却是前现代化的管理体制，可以说是南辕北辙。

马国川：但是怎么实现现代化的管理体系？怎么进行制度变革？

杨东平：这种变革说起来也不复杂，各国有很多先例，大学和政府之间构建法律框架下的委托管理关系，教育部通过制定标准、政策、拨款实现对大学的管理。改变政府直接办学有两个核心环节：第一，建立新型的大学拨款机制，通过“大学拨款委员会”之类的中介组织对大学进行绩效评价、审核预算，通过下一个年度的拨款，而不是以行政化的方式，由教育行政部门直接给你拨付。第二是大学校长遴选机制，大学校长不应该按党政干部管理模式由上级部门考察任命，应该由一个独立的遴选委员会面向社会进行遴选，报教育部批准。

80年代以来，世界范围内高校改革的主要特点就是政府放权、大学自治，更大限度地发挥市场机制在资源配置中的作用，所谓的“高等教育市场化”。在国外“市场化”的概念仅对于高等教育而言，核心内容是更大限度地扩大学校的自主权，鼓励教育家办学，提高学校的活力、质量、丰富性，满足不同的教育需求。

马国川：其实，针对目前我国教育上的诸多问题，世界上都有现成的制度和经验可循。

杨东平：许多理念和制度都是现成的，要解决的是是否符合“中国国情”的问题。“现代企业制度”以前也被认为洪水猛兽，现在已经成为基本常识；但“现代大学制度”还没有被完全接受和认可，很多人不知所云。现代大学制度和现代企业制度一样，是人类文明的共同成果。20世纪上半叶曾在中国有效生长了很长时间，而且硕果累累，以西南联合大学为典型，在抗战时期达到了一个辉煌的高峰，证明现代大学制度是符合中国国情的，没有水土不服的问题。

马国川：关键是解放思想，打破传统的思想禁锢。

杨东平：教育改革需要思想解放，把教育当作教育来办。很奇怪，既然我们敢于派大量学生到国外学习，为什么总担心在自己的国家和管理下，学生会被“污染”呢？

因此，教育的“软件”需要更新，升级换代。目前的教育方针、培养目标的表达，都是在50年代计划体制、阶级斗争环境下形成的，已经不适合今天社会发展的需要。如“培养劳动者和建设者”的说法，把教育视为单纯的人力资源开发，忽视了人格养成和人的发展。“接班人”的概念是毛泽东1964年在“防修反修”中提出来的。我们现在实行的义务教育是全民教育，不分阶级、种族、信仰、社会地位等等，一视同仁，因此必须使用更加现代的概念。基础教育的目标，就是培养现代社会的公民。

马国川：总之这次教育改革任重道远，是非常繁重的系统改革。

杨东平：作为一个学者，我希望让问题浮出水面，成为公众议题，一个一个去推动实现。教育改革确实是很难的，没有什么一抓就灵的妙方，也不可能一蹴而就。首先是需要解放思想，树立新的教育哲学、教育理想，树立新的目标；然后渐进地和建设性地去做，在实践中探索解决各种具体问题。例如，高等教育的发展必须走出一条新路，没有一个国家有能力包办昂贵的高等教育，必须更大限度地利用市场机制；可考虑将一部分公办高校转制，转为股份制或其他形式。如果允许每个省拿一所高校作为试点，全国就有30个试点，就很可观了，待摸索出有效的经验后再进行总结、推广。总之要破题，就必须要迈出这一步，要允许改革、允许试点。

现在回头来看，1985年教育体制改革的《决定》所提出的大多数目标和任务都是正确的，当年对教育的批评，今天仍然适用；当年提出的改革目标，许多仍然是今天需要解决和面对的。在这个历史关口，我们需要增强使命感和责任感，重温和继承80年代的改革精神，推进以体制改革为核心的实质性的教育改革，做出超越前人的新贡献。

原载《经济观察报》2009年3月9日，收入本书时有修订

教育领域简政放权大有可为

“今后事情成败的一个重要关键在于人才，而要解决人才问题，就必须使教育事业在经济发展的基础上有一个大的发展。”《关于教育体制改革的决定》（下文简称《决定》）开门见山地指出。

这个《决定》是1985年5月27日发布的，它梳理了当时中国教育的诸多问题，提出“必须从教育体制入手，有系统地进行改革”，由此开启了教育改革。

整整30年过去了，中国教育规模突飞猛进，实现了九年义务教育和高等教育大众化；但另一方面，教育问题重重，社会批评不断。这种矛盾现象被人们称为“中国教育之谜”，令人费解。

“《决定》至今仍然非常富有现实针对性，”北京理工大学教授、国家教育咨询委员会委员杨东平在接受笔者采访时说，“《决定》对今天的教育改革具有极大的启示意义。”

在杨东平看来，20世纪90年代以后，教育改革偏离了《决定》的方向，直到近年来才重新回到了体制改革的主题。

杨东平认为，“教育领域也要‘实现政府治理体系和治理能力的现代化’，核心就是要简政放权，改变高度集权、政府包揽过多的教育体制”。

中国当代教育改革的起点

马国川：1985年5月27日，中共中央发布《决定》。这个决定得到了教育界的高度评价，30年过去了，至今仍然不断有人提起这个《决定》。作为一个教育家，您怎么评价这个《决定》？

杨东平：《决定》是30年来中国教育史上的一个重要里程碑，也是中国当代教育改革的起点。

《决定》系统地梳理了中国教育面临的问题，有两个基本判断：一是“教育工作方面的‘左’的思想影响还没有完全克服”，二是“教育工作不适应社会主义现代化建设需要的局面还没有根本扭转”。

今天看来，这两个判断是非常具有针对性的。因为“文革”结束之后，教育界“左”的思想影响还很严重。邓小平1983年提出教育现代化的纲领，“教育要面向现代化，面向世界，面向未来”，不过直到80年代中期，教育界还是相当保守的。尽管当时武汉大学、上海交大、华中科技大学等少数几个高校做了一些改革，但是就总体而言，教育还没有清除“左”的思想影响，缺乏改革进取的精神，跟不上经济社会的发展。

针对这些问题，《决定》提出，“必须从教育体制入手，有系统地进行改革”。

马国川：值得注意的是，在《关于教育体制改革的决定》出台前半年时间里，中共中央还先后发布了《关于经济体制改革的决定》和《关于科技体制改革的决定》，都强调体制问题。

杨东平：强调体制改革，是80年代改革的一个突出特点。这三个决定形成了一种互相支持、互相配合的改革氛围，也都反映了那个时代锐意改革的精神。

《决定》明确指出，“坚决实行简政放权，扩大学校的办学自主权”，逐步实行校长负责制。我们今天回过头来看，1985年提出来的这些目标还没有完全实现。事实上，这么多年来，教育领域很少触及体制改革，提的往往是教学改革、培养模式改革、课程改革等微观层面的改革。

马国川：《决定》出台之后，教育改革的具体推进情况如何？

杨东平：从1985年开始，教育体制改革推进了几年，进入90年代，教育改革发生了方向性的变化。

一个是教育的政治功能被夸大。尤其是在高等教育领域，《决定》提出逐步扩大高等教育规模，到20世纪末达到与国家经济实力相当的水平。但是从1990年一直到1998年扩招之前，有关部门制定“稳定规模，提高质量”的方针，限制高等教育招生规模，致使高等教育发展严重滞后。

为什么会有1998年的高校扩招？一个被人们忽视的历史背景就是，高等教育的发展速度被人为地压抑了，远远不适合经济社会的需要。如果那些年能够稳步扩大高校招生规模，就有可能避免1998年之后“大跃进”式的扩招造成的一系列问题。

马国川：原来还有这样的背景。许多人认为，高校扩招是中国为了应对1998年亚洲金融危机而采取的应对之策。

杨东平：亚洲金融危机是原因之一。当时中国高等教育的规模远远低于发展中国家的平均水平，甚至低于泰国、越南等比中国落后的亚洲国家，所以社会各界要求扩大高等教育规模的声音很强大，大学到了必须扩招的时候。

90年代教育改革的另一个方向性变化，就是教育市场化、产业化。1992年6月，中共中央出台了《关于加快发展第三产业的决定》，把教育列入第三产业。在市场经济大发展的背景下，教育市场化、产业化成为主旋律。

马国川：一方面强调教育的政治化，另一方面倡导教育市场化，这两个趋势放在一起显得非常吊诡。

杨东平：确实匪夷所思，但确实发生了，而且产生了影响深远的后果。

1993年中国政府向世界宣布，2000年在全国普及九年义务教育。由于政府教育经费不足，于是提倡社会各界共同办学。中国是“穷国办大教育”，多渠道办学本身并不是坏事，但前提是有关方面必须履职，不能推卸责任。问题是它们不愿意为教育多花钱，把教育的责任过多地转移给老百姓，所谓“人民教育人民办”，通过各种各样的方法来普及九年义务教育。

基础教育领域的“普九”、高等教育领域的大学扩招，带来了一系列问题。尤其是在教育产业化的背景下，出现了两个畸形的产品：一个是中小学的“转制学校”，就是把一批优秀的公办学校转成民办学校，实行高收费，极大地改变了义务教育的性质；另一个是高校出现了“二级学院”（现在叫独立学院），其实和“转制学校”一样，也是一种假民办，通过向学生收取高额学费为母校输血。教育产业化的两个“成果”至今还没有完全消化。

当前中国教育的三大问题

马国川：进入21世纪以来，教育成为公众反映最强烈的社会问题之一，在时间上，这是与所谓的“教育产业化”同时发生的。

杨东平： 腐败只是症状之一，教育产业化对教育品质的伤害是非常大的，导致教育成为矛盾突出的社会问题。

因此，90年代是中国教育史上一个非常特殊的发展阶段：一方面，教育规模突飞猛进，基本实现了普及九年义务教育，高等教育也在很短时间里实现了大众化；另一方面，教育公平问题凸显，民怨沸腾，教育甚至被列为21世纪初的“新三座大山”之首。

马国川： 有教育官员说，老百姓那么多意见，主要原因是媒体炒作；另外一种解释是，随着基本教育需求的满足，人们对优质教育的需求提高了。

杨东平： 我不同意这些说法。教育问题是客观存在的，指责批评者就是否认问题、回避问题。至于将问题归因为供求关系，其实是似是而非的。最典型的就是北京“小升初”乱象。2011年我们调查研究北京“小升初”问题时发现，一方面入学人数大幅度减少，另一方面优质教育资源大幅度增加，供求关系怎么会越来越紧张，“小升初”怎么会成为社会关注的焦点？关键就是规则和秩序出了问题，允许以分择校、以权择校、以钱择校，义务教育的基本秩序和基本准则被破坏了。

我们原来以为北京“小升初”作为一个老大难问题，很难解决。可是经过努力，北京市在去年一举扭转了“小升初”乱象。可见“非不能也，是不为也”，关键是主政者要有正确的价值观，要有行动力、领导力，敢担当。多年来对这些问题视而不见，或者绕着走，甚至形成利益集团从中寻租，当然就不可能解决问题。

马国川：是否可以总结说，90年代以来产生的诸多教育问题，在很大程度上是由于偏离了1985年的《决定》？

杨东平：不是一般的偏离，而是走向了一种经济主义的发展模式，学术化的说法是“单纯财政视角的教育改革”，就是说政府因为缺钱或不愿为教育花钱，让学校去经营创收。整个教育系统围绕着创收、转制、收费等等，不亦乐乎，甚至出现了北大破墙开店的奇闻。哪个国家的教育能够以经营创收为主呢？

不过，2003年中国政府提出“以人为本”的科学发展观，对教育来说是一个重要的转折点。这种理念是对经济主义路线的一种反拨，它更为强调教育公平的价值，强调人的价值。在具体政策上，采取了取消转制学校政策、清理整顿二级学院、增加政府教育责任、实行免费义务教育等一系列措施，教育的正常秩序开始逐步恢复，教育公平逐渐成为教育政策的基本价值。

由此，政府对教育功能的认识和理解发生了很大的转变，从“人民教育人民办”转变为“办好人民满意的教育”。“文革”前的教育是以政治为中心，90年代则是以经济为中心，从政治中心和经济主义路线回归到以人为本，这当然是一种社会进步。

马国川：确实，从2003年以来，中央文件中对于教育的解释完全不一样了。和过去空洞地讲教育的重要性不同，现在强调教育是民生事业，关系到每一个人的基本权利。

杨东平：政府报告也不再把教育和文化放在一起讨论，而是把教育放在民生事业的部分，和医疗、养老社会保障相提并论；不再过分强调教育的国家主义价值，而是强调教育关系到每一个儿童、关系到千家万户的民生性质，重视公众的满意度。这是一种返璞归真，教育回到了它的原点。当然，这只是在理论上，还没有变成普遍的社会现实。

近些年来，整个中国教育的内外环境、供求关系发生了一个转折性的变化。多年来困扰中国教育的极端短缺、极端贫困的阶段基本过去了。所以，我们比过去更有条件去追求理想的教育。

马国川：但是很多人并没有感觉或意识到这些变化，十几年来社会舆论对于教育的批评也并没有减弱的迹象。

杨东平：毋庸讳言，中国教育的问题还很多。在我看来，最突出的是三大问题：第一个是教育公平问题，主要体现为教育资源不均衡，尤其是城乡差距；第二个是应试教育问题，就是教育品质的问题；第三个是教育行政化，在高等教育领域表现最为严重，致使大学难以培养出具有创造性的杰出人才。

对于教育公平问题，这些年来国家的资源配置越来越多地向农村地区、薄弱地区和弱势人群倾斜，逐渐改善教育资源不均衡的局面。改变应试教育、改善教育品质，是更为困难的。在国家层面也有一些做法，比如新课程改革、高考制度改革等等，只不过还没有变成普遍的现实，老百姓不太感觉得到。再加上教育腐败等问题，导致社会怨言很大。

教育去行政化的问题也是长期存在的老大难问题，涉及的问题更复杂，操作起来也很困难，迄今还没有真正破题。

马国川：我注意到，现在知识界对于教育问题的批评不再像以前那样强烈，这是为什么？

杨东平：就像经济领域一样，各种问题政府和民间都已经充分认识到了，教育改革的理念、目标也都提出了，主要是如何实施的问题。所以，现在似乎超越了以批判为主的阶段，更多的人开始起而行动，很多人是“用脚投票”，出国留学；也有许多人开始进行力所能及的、自下而上的教育改革和教育创新。

“教育简政放权大有文章可做”

马国川：在纪念《决定》发布30周年的今天，如何认识《决定》对当前教育改革的意义？

杨东平：最主要的，就是要推进以制度改革为中心的教育改革，把教育体制作为改革的核心。

2013年十八届三中全会通过《关于全面深化改革若干重大问题的决定》，郑重提出“推进国家治理体系和治理能力现代化”，明确提出“深化教育领域综合改革”“深入推进管办评分离，扩大省级政府教育统筹权和学校办学自主权，完善学校内部治理结构”等内容。这对教育改革具有重大的指导意义。

总结起来，教育领域要“推进国家治理体系和治理能力现代化”，核心就是要简政放权，改变高度集权、政府包揽过多的教育体制。所以，在我看来，这意味着中国教育重新回到了体制改革的主题。

马国川：具体来说，教育改革的方向是什么？教育的简政放权有哪些内容？

杨东平：简政放权的目的，一个是通过中小学办学体制改革，使公办学校恢复活力；一个是放开民间教育，使体制外的社会力量能够成长。

改变公办学校办学体制的关键，是扩大学校办学自主权，落实教育家办学。可以学习借鉴国外办学体制改革的经验。西方国家的公办学校，办学条件、经费保障都很好，但是学校平庸、缺乏活力。例如，美国公办高中的毕业率只有40%左右，是我们难以想象的。所以80年代以来，西方国家一直在推进学校改革，美国是实行“特许学校”（charter school），英国叫作“自由学校”，中国香港地区叫“直资学校”，即不改变公办学校的性质，政府全额拨款，通过契约管理的方式，将公办学校委托给有理想、有理念的教育家或教育集团承办，同时赋予承办者充分的自主权，从而把学校办成有特色、有品质的学校，政府会评价、验收办学质量。

中国90年代发展民办教育的模式，实际上是请企业家办学，教育家只能给企业家打工。西方国家的新模式相反，政府出钱，教育家办学。英、美等国的实践证明，这种模式是值得学习借鉴的。

马国川：很多地方政府不理解，90年代发展民办教育是因为政府财力不足，现在教育基本普及了，政府财力也很充裕，为什么要大力发展民办教育呢？

杨东平：确实，现在许多地方的教育硬件已经很好了，可是政府只能提供单一的、倾向于应试的教育，不能提供丰富性、多样性的教育，不能满足家长选择性需求和真正的高品质教育的需求。

公办学校是政府出钱、面向大多数人的教育，因此只能做正确的事而难以做创新的事，因为改革创新总是有风险的，国外也是如此。因此，创新往往发生在体制外的社会组织、民间教育机构，如同经济领域的民营企业、小微企业的功能那样。只要给民间放权，给它生长的空间，教育领域就会出现各种教育创新。事实上，现在基础教育领域已经出现了很多非常新锐的教育改革和创新。

公办学校搞升学率竞争的老路很难扭转，可是体制外的教育机构有动力、也有能力去改革创新。所以今天重提简政放权，就要认识到发展民办教育的意义。民间办学不但可以提供丰富性、多样性的教育，而且可以推动公办教育的改革创新。

马国川：2014年李克强总理要求国务院各部门制定权力清单，进行自我革命。在您看来，作为教育工作的最高行政领导机关，教育部应该做什么？

杨东平：教育改革，教育部首先要改革，因为简政放权的主体是教育部。有些人说，教育部能放的权力都放掉了，想不出来还有什么没有放的了。其实不然。譬如有一个重要的问题：教育部直属大学该不该放？

设立部属大学，就是教育部直接办学，是明显的管办评不分，不但造成大学的不平等竞争，而且强化了大学的行政化，弊端越来越明显。全世界没有一个国家的教育部直接办学，都是实行管办评分离。按照十八届三中全会提出的“深入推进管办评分离”的精神，教育行政机构不应该直接办学，教育部就应该下放直属大学。

如果教育部不直接管大学，教育部的机构设置就可以大幅度减少，因为现在教育部的许多司局都是围绕着直属大学设立的。

马国川：从世界各国来看，教育部应该主要面向基础教育，对高等教育做一些宏观的规划。

杨东平：对，因为基础教育是国家应该提供的公共产品。遗憾的是，从50年代开始，我国的教育部一直存在重视高等教育而忽视基础教育的问题。

所以，教育领域的简政放权大有可为，现在在某种意义上还没有破题，不仅仅是取消部分审批权的问题。

原载《财经》2015年第15期，收入本书时有修订

采访手记 直面现实问题的教育家

第一次见到杨东平先生，是在2006年春天。当时我供职于中国改革杂志社，参加了中国经济体制改革研究会在北京西山杏林山庄召开的一次会议。会议间歇，人们在庭院的池塘边散步，我和他聊了几句，感觉他似乎不是一个善于言谈的人。

此后偶尔在一些会议上看到他的身影，发现他经常骑一辆老式自行车出行。作为国内成立最早的全国性民间环保组织“自然之友四位”发起人之一，他积极参与和推动民间环境保护，呼吁绿色出行，自己也身体力行，让我非常敬佩。因为在这个浮躁的时代里，言行不一几乎是社会通病。

2008年是改革开放30周年，我第一次采访了杨东平先生。彼时我已经转入经济观察报社工作，做了一系列访谈，主要是回顾和总结改革开放30年。这段历史近在眼前，却因各种难以言说的原因而日渐模糊。采访是围绕着教育展开的，地点在北京理工国际教育交流大厦一楼的咖啡厅。它位于杨东平先生供职的北京理工大学校园西北角，临近北三环。他不缓不急地轻声慢语，在一个多小时的时间里，就勾画了30年间中国教育制度变迁的清晰脉络。和那些在教育界里说教育的人不同，他似乎站在高冈之上，俯瞰长河流荡，既抓住了几处历史的大关节，又将其流变梳理得极清楚。

我在葛剑雄、丁东、向继东主编的《灯火阑珊处：当代学人自述》里，读到过杨东平先生的人生故事。他出生在革命干部家庭，早年生活在上海。曾经参加红卫兵，后来赴黑龙江农村上山下乡。那是一个不通铁路的农业县，在那里他看到了底层社会的生活境况。后来他考入北京工业学院（北京理工大学前身），毕业留校，一直在这个大学里工作。京沪两座城市的不同经历，让他写出了畅销一时的《城市季风：北京和上海的文化精神》一书。这本书开城市文化研究之先，也让他在读书界广为人知。而更多的人知道他，则是因为他后来参与策划了中央电视台的谈话节目《实话实说》。丰富的人生经历，没有界限的研究和写作，让他成为一个独特的学者。这种独特性，不仅表现在他很少用枯燥的学术语言来表达，更体现在他知行合一的为人做事风格上。

后来，有好几次在同一个咖啡馆里，我向他请教问题。他的视野广阔，思路活跃，点子极多，每次我都很有收获。他有时先问一些时政问题，我坦言以告，有时不无偏激和偏见。他都不以为忤逆，温和地笑着点头。一方面，他是主张渐进式改革的，着眼于越来越多公民的出现与成长。另一方面，他和许多坐而论道的启蒙知识分子（这些人也很重要）不一样，他是一个俯身劳作的行动者。不管是推动民间的环保行动，还是推动草根的教育创新，他都躬身而为。

近些年，他似乎越来越多地把精力放在教育问题上。在这个经济极速增长的国家里，各种各样的教育问题确实越来越凸显。他领导的21世纪教育研究院，开展独立教育研究与政策倡导，借助教育界内外的民间力量共同推动中国的教育改革与发展。2015年，他参加了教育智库“中国教育三十人论坛”，我和他有了更多的接触。每次参加论坛活动，他的演讲都有新内容，谈及的都是亟需解决的现实教育问题，言之有物，因此每每被记者包围，成为“新闻人物”。可是，作为新闻人，我悲哀地看到，新闻的力量是有限的，热闹之后，一切恢复到原来状态，似乎一切都没有发生。

杨东平先生是一个真正的以问题意识为导向的教育家，眼睛向下，关注底层。底层的痛苦，他不愿装作看不见。他注定是一个孤独者。不过，他仍然奔走在世界上，从北欧到拉美，从韩国到印度，了解各国教育的发展现状，为中国教育寻找疗救之方。

教育家李镇西曾写过一篇文章《君子杨东平》。我完全赞成他的观点，杨东平先生是一个真正的君子。

朱永新

中国教育，从原点再出发（外一篇）

简介：

朱永新，1958年生，新教育实验发起人，民进中央副主席，第十二届全国政协副秘书长、常务委员会委员。著有《朱永新教育作品》（16卷）。

“分数至上、教育垄断禁锢了中国教育”

马国川：近年来，中国教育出现了非常矛盾的现象：一方面教育发展很快，全面普及了城乡免费义务教育，实现了高等教育从精英教育向大众化教育的转变。另一方面全社会对教育的满意程度并没有得到相应提高；相反，社会各界对教育的批评越来越多，越来越多的家庭将孩子送到国外读书。作为一位教育家，你认为出现这种现象的原因何在？

朱永新：一个重要原因在于，20年来的教育堕入了畸形发展的歧途，唯分是求，片面追求升学率愈演愈烈，教育日益背离求真、向善、尚美的核心价值。

为什么会堕入唯分是求的畸形发展歧途呢？因为教育的精神价值失落了。任何一个社会，都需要教育哲学的思考，需要教育思想的引领。首先必须解决教育的根本问题，想清楚“教育是什么”“什么是好的教育”这样的根本性问题，教育才有正确的方向，投入才有真正的效率。但是，在中国的中小学教育中，分数成为教育至高无上的追求，成为衡量教育品质的标准。在中国的大学教育中，就业成为最急迫的任务，成为判断大学最关键的指标。分数与就业，成为教育的重要追求，这是中国教育问题的症结所在。

马国川：确实，没有什么人能够回答“教育是什么，什么是好的教育”。

朱永新：如果这些根本的问题不解决，其他的枝节问题就无从谈起。例如，素质教育的问题，减轻中小学生课业负担的问题，讲了多少年，一直没有找到解决的路径。相反，应试教育却愈演愈烈。

马国川：因为我们缺乏教育思想的引领，出现了学生人格扭曲的非正常现象，更谈不上培养创新型的拔尖人才。

朱永新：怎样培养创新型的拔尖人才？表面上，这是一个人才培养模式的问题，即如何教、如何学的问题。但是，这背后其实是一个体制问题，中国现行教育体制的主要问题，就是对教育管得太多、管得太死。

中国幅员辽阔，人口众多，地区发展差异巨大，区域教育发展不平衡，可是在教育上却试图用同一个政策号令全国的教育，用同一个标准管理所有的区域。例如，农村中小学撤校并点、清退农村代课教师等教育政策，在实施的时候很少考虑各地情况的差异，往往变为强迫命令、一刀切的行政行为和政绩工程，结果不可避免地出现了许多偏差。

马国川：中国在经济上引入了市场经济体制，而在教育上依旧是高度集权的计划管理体制，一刀切是其主要弊端。

朱永新：在高度集权的计划管理体制下，学校也没有真正的办学自主权。教育行政部门权力太大太集中。教育部集中了管理、举办、评价三个职能，既是教练员，又是领队，又是裁判员，往往还做运动员，权力过大，垄断性太强。

有一个形象的说法，现在的大学不是“教育家办学”，而是“教育部办学”。为什么许多高校在北京建立“办事处”？因为大事小事都需要“跑步（部）前进”。专业要教育部审批，文凭由教育部颁发，重要经费都控制在教育部手里，重要评价由教育部主持。

中小学则是“教育局办学”。一些中小学校长对我说，他们根本不是校长，最多是一个排课表的教务人员，因为一切都被教育行政部门规定了，上什么课、几点上课、几点放学、考什么内容、怎么考，所有的一切，校长说了都不算。

马国川：在一个封闭、垄断，缺乏竞争与活力、高度行政化的教育管理体制下，学校没有办学自主权，真正的教育家很难脱颖而出。

朱永新：当权力成为社会的中心之后，也很少有人能够安心做一个教育家。在这种僵化的管理体制下，教育资源配置不合理，发展不平衡，质量与公平问题日益突出。由于权力高度集中在教育行政部门，缺乏自我纠错机制和有效的监督，这些问题难以及时纠正，本来应该得到充分发挥的民办教育也受到了压制。

现在民办教育的空间越来越小，如民办高中教育，这几年来，全国大概有2900所民办高中，差不多每一年要死掉100所，特别是政府加大了对公办学校的投入以后，对民办教育的扶植政策又不够，导致很多民办学校倒闭。

期待教育的更大解放

马国川：既然现行教育体制的主要问题是对教育管得太多、管得太死，那么就应该放权。但是在有关部门和有关人士看来，在教育问题复杂繁多的情况下更应该加强管理，否则就会出现“一放就乱”的“混乱”局面。

朱永新：这种思路是不对的。改革开放30年，中国经济为什么能够取得举世瞩目的成绩？最大的成功奥秘就是解放了生产力，解放了人民群众的创造力。因为解放了农民，人们的餐桌开始丰富起来；因为解放了工人，人们的日用消费品开始丰富起来；因为解放了资本，方方面面的发展速度快了起来。

教育当然也不例外，现在的问题并非管得不够，而是教育的解放仍然不够。60多年前，陶行知先生曾经在呼吁教育的解放时说：“教育不能创造什么，但它能启发解放儿童创造力以从事于创造之工作。”所以，他提出要解放孩子的小手，解放孩子的大脑，解放孩子的时间与空间。现在看来，陶行知先生的呼吁仍然没有实现，学生被囚禁在分数的牢笼中，没有幸福，没有欢乐。

马国川：所以，教育的解放是当务之急。

朱永新：对，教育的解放仍然是教育改革与发展的当务之急。首先，要解放学生。从分数的牢笼中解放孩子，让他们不再为分数而活着，让他们的个性得到张扬，让他们真正地成为自己。其次，要解放教师，从考试的镣铐中解放教师，让他们不再成为考试的囚徒，让他们真正地享受幸福完整的教学生活，体验教师职业带给他们的成长、尊严与快乐。再次，要解放校长，从评价排名的恐惧中解放校长，让他们聚精会神地思考教育，让他们成为真正的教育的行家里手。最后，还要解放教育厅的厅长、教育局的局长，从一个个升学的指标中解放厅长局长，让他们不要“跑部钱进”，不要“仰人鼻息”，从对上负责变为对下负责，从对分数负责变为对未来负责。

一句话，解放教育的关键是“还权”，把那些本来属于学生、属于老师、属于校长、属于厅长局长的东西还给他们自己。

马国川： 教育的解放需要体制的保证。否则，在现行教育管理体制下，个别地区、个别学校的解放很容易半途而废。

朱永新： 因此，需要进行教育体制改革。首先，改革目标应定位于建立起一个充满活力、运作规范的教育秩序，让不同的学校有不同的定位；应该处理好政府、学校、市场三者的关系，形成服务型的教育行政部门和机构。

其次，改革要进一步下放行政权力，将“因地制宜”作为教育公共政策的基本价值和指导思想。应该允许地方根据自己的实际需要和资源情况自主地决定包括代课教师、教师编制、教师待遇在内的教师政策，自主决定教育结构和比例、学校布局等教育规划，自主决定学校教育模式、培养规格等等，从而形成各地多样化的、生动活泼的教育生态。

再次，改革要进一步落实校长的办学自主权。放权才有活力，自主才有创新。应该按照建设“服务型政府”“有限政府”的思路，认真清理现行的管理制度，把大量不需要教育行政部门管理、审查、规范的东西，彻底还给校长，还给学校。

马国川： 最重要的还是按“有限政府”的思路建立服务型的教育行政部门，建立管、办、评相对独立的教育管理体制。这也是中国行政管理体制改革的方向。

朱永新： “管、办、评分离”是现代行政管理的基本原则，政府的主要功能不是直接当“划桨手”，而是当“舵手”。强化政府公共服务的职能，并不意味着集中资源、强化行政控制；而意味着建立服务导向，由直接提供服务，转变为用多种方式和途径满足社会需要，扩大公共服务的能力和改善公共服务的品质，同时对公共服务的结果进行评价和控制。另外，要建立一个与教育决策、执行部门相独立的监督体系。可以把现有各级教育督导部门改革为教育监督局，直接对各地方政府或人大负责。建立对各地方政府履行教育职责的监督评价体系、对学校的督导评估监督体系和教育质量监控体系，教育监督部门发表中立性质的督导报告，从体制上确保教育督导的客观公正、科学和权威。

教育行政部门也要更多地引入民间的教育资本，更多地释放民间的教育能量，更多地汲取民间的教育智慧。教育行政部门的当务之急，不是考虑哪些是该管的，而应首先考虑哪些是不该管的；能够让市场去做的尽可能让市场去做，能够让社会组织去做的让社会组织去做，能够让民间社会去做的事情让民间社会去做。解放了民间，也就解放了自己。

过一种幸福完整的教育生活

马国川：现在，许多人对教育改革的信心不足，因为在现行的权力高度集中的教育体制中，改革动力明显不足。教育变革的力量何在？如何启动一场实质性的教育改革？

朱永新：放眼世界，古往今来，真正意义上的教育创新，从不是来自政府规划或批准，而是来自薪火相传的教育家的理想，来自实际的社会需求，来自生生不息的草根力量。尽管有些人对教育改革心存疑虑，但是实际上，基层和民间已经在实验、在创新、在追求好的教育和理想的教育。例如，我和一些同仁提倡、推动的“新教育实验”，经过近十年的努力，目前全国已经有32个实验区、1148所实验学校、近140万师生参加了新教育实验。

马国川：教育学家杨东平称赞新教育实验“是近年来民间教育改革中最为生动活跃、最为持久深入、最有影响和成效显著的力量”。那么，新教育到底是什么？

朱永新：一言以蔽之，新教育就是“过一种幸福完整的教育生活”。第一，教育就是生活。这句话是针对过去比较传统的教育目的的，传统观点认为教育是为将来的工作和生活做准备，即教育是为了未来的。我们认为，这样的理解是不够的。教育当然应该面向未来，但是教育同时更应该面对当下。教育本身就是生活，教育就是生活的方式，是行动的方式。教育在作为促进美好生活，在作为一种手段的同时，它本身就应该是目的，应该让所有与教育发生关系的人过一种幸福完整的生活。

第二，教育同时是一种特殊的生活。我们说教育就是生活，但更认为它是一种特殊的生活。教育必须确保受教育的个体生命获得充分的成长，必须实现社会对于一个未来公民的希望。所以，在这个意义上，教育又不是简单的生活，而是一种特殊的教育生活。这种教育生活，又不能等同于学校教育生活，如在家庭里父母和子女的沟通，在职业生涯中每个人的学习，都可以视为教育的生活。所以，我们理解的教育生活，应该是面向男女老幼、从坟墓到摇篮的全人与全程的。

第三，教育生活应该是幸福的。教育既然是努力去促进每一个人过一种幸福完整的生活，它本身就应该是幸福的。其实，孔老夫子早就说：“学而时习之，不亦说乎？”教育不仅应该给人幸福，它本身就是充满了乐趣的。只有在愉悦快乐的情景中，教育才能取得良好的效果。

第四，教育生活应该是幸福而完整的。我们在幸福后面加上“完整”两个字，因为我们知道，如果仅仅强调幸福，很容易让大家过分重视情感的体验，甚至会误认为强调感官的享受。尤其是在当下的教育中，我们的教育是单向度的，是畸形的，是片面的，是唯分数的教育，其中最大的问题是缺乏做人的教育，缺乏德行的教育。人应该是完整的，包括他自己个性的完整性。让人成为他自己，一个完整的自己，这才是教育的最高境界。当然，这也是我们新教育人追求的最高境界。

马国川：看来，新教育强调“过一种幸福完整的教育生活”，不仅仅针对当下某些教育的问题，也有对教育终极意义的思考与追求。

朱永新：是的。教育是一项培养人的事业，是一项通过培养人，让人类不断走向崇高，生活得更加美好的事业。新教育认为，教育为了一切的人，不仅仅是孩子在受教育，父母、老师都在受教育。同时，教育也为了人的一切。最好的教育应该是最有个性的教育，应该是为每一个人量身定做的，最好的教育应该让每个人的潜能、个性得到最大限度的张扬和发挥。

中国需要教育启蒙

马国川：“新教育实验”的理论渊源在哪里？

朱永新：新教育实验发轫于100多年前的欧洲。当时，一些教育界的有识之士，不满当时的教育，一边宣称要培养具有独立精神和健康人格的人，一边相继创办了与这一价值取向相匹配的新式学校。于是，新教育运动在欧洲迅速发展，在很大程度上改变了传统的欧洲教育理念。欧洲的新教育很快就传播到美洲，特别是和美国的进步主义教育运动汇合在一起，对杜威的思想产生了很大的影响。

后来，杜威的思想对中国20世纪二三十年代的教育产生了很大的影响，陶行知先生就是杜威的学生，陶行知提出的“生活教育”实际上就是“新教育”。遗憾的是，战乱频仍，渐渐湮没了新教育实验在中国的践行和创新。1949年以后，中国引进苏联教育模式，新教育实验走进教育史。在建国以后的前30年里，中国教育发展曲折，“文革”中更陷入混乱局面。直到1977年，以恢复高等学校的招生考试制度为标志，教育迎来了一段稳定的黄金发展期。但是从20世纪90年代以来，中国教育又可悲地堕入唯分是求的畸形发展阶段，片面追求升学率愈演愈烈，教育日益背离求真、向善、尚美的核心价值，改革的呼声一浪高过一浪，民间呼唤教育变革。“新教育”就是在这样的历史背景下出现的。

马国川：“新教育”似乎并没有什么新东西，因为它的理念前人都提过并且实践过。

朱永新：我们这个时代，要完全提出前人没有提出过的东西已经很难。几千年的教育文明，老祖宗都说得差不多了，该做的老祖宗也都或多或少地做过。事实上，我一直认为，最好的教育就是返璞归真的教育，最好的教育就是以不变应万变的教育。而中国教育的最大问题，就是失去了教育的本真，教育日益背离求真、向善、尚美的核心价值。早在20世纪初，时任民国教育总长的蔡元培就说过：“基础教育在于养成国民健全之人格，专门教育在于养成学问神圣之风习。”可是现在呢，我们愈向前走，愈不清楚教育是什么，不知道教育要干什么，更不知道什么是好的教育了。

教育最重要的任务是什么？是塑造美好的人性，培养美好的人格，使学生拥有美好的人生。“新教育”其实就是教育的本真，是应该被还原的教育梦想。判断教育的好坏，应该从这样的原点出发；推进教育的改革，也应该从这样的原点开始。

马国川：可是，中国教育还能够回到原点吗？例如，现在几乎每个家长都抱怨学校的应试教育，可是他们却又逼迫孩子去适应应试教育。这就形成了一个循环的“怪圈”，教育陷入无解的尴尬境地。

朱永新：现实不如人意，但是我对未来还是乐观的。在我看来，中国教育正处在一场大变革的前夜。第一，以人为本的科学发展观奠定了面向未来教育改革的基本价值；第二，随着学龄儿童急剧减少，教育经费大幅增加，教育的供求关系日益宽松，中国教育已经在整体上超越了此前极其短缺、极其贫困的状态，有可能去追求好的教育、理想的教育。第三，人民群众对教育强烈不满，要求变革的压力巨大，它有可能转化为促进教育改革的强大动力。第四，各地已经出现了许多教育改革和创新的探索，为整体性的教育变革提供了经验和条件。

教育改革不仅仅是政府的责任，也是对每个公民的要求。每一个公民都应该重新认识教育，思考教育，理解教育的使命，抵制教育异化。今天中国的经济实力已经很可观了，但是就建设一个现代国家而言，教育已经和中国现代化建设进程严重脱节了，或者说，教育不适应建设现代化国家的要求。教育要回到原点，重新校正方向。这就需要教育启蒙，尽最大的努力提高全社会的教育素养，重建教育哲学，树立教育的精神价值。唯此，才能明了“教育是什么，什么是好的教育”，中国教育才能找到正确的方向。

原载《读书》2011年第7期，收入本书时有修订

重启教育改革

马国川：今天中国社会问题很多，最令人们感到痛心疾首的、形势最严峻的恐怕就是教育问题，因为它关系到每个家庭，也关系到国家的发展前途。由于教育存在各种问题，而且积重难返，使得国人对于中国教育越来越没有信心。毫不夸张地说，目前中国教育陷入了一场危机之中。

著名学者资中筠先生曾激愤地说：“实际上中国的孩子已经输在起跑线上了，中国现在的教育，从幼儿园开始，传授的就是完全扼杀人的创造性和想象力的极端功利主义”，“如果中国的教育再不改变，人种都会退化”。要摆脱教育危机，必须进行教育改革，这已经成为国人的共识。问题是，教育涉及的问题太多，改革应该从何处入手？

朱永新：教育现在面临着各种错综复杂的问题，只有解决这些问题，才能实现教育的更好发展。否则，教育越发展，越背离教育的本意，就会在歧途上越走越远。这需要我们以问题意识为导向，首先理性地思考和总结最主要的教育问题，分析问题产生的原因，然后再研究解决之道。

在我看来，中国教育最突出、公众意见最大的是两大问题：一个是公平问题，一个是质量问题。教育改革就要解决这两大问题。

我们首先来看公平问题是怎么产生的。中国教育不公平的最突出表现，就是教育发展不平衡。长期以来，中国教育走的是一条效率优先的道路。我们现在的教育是学习苏联教育制度的产物，在教育还不普及的情况下，教育资源分配实行倾斜政策：在不同的教育阶段，教育资源向作为精英教育的组成部分的高等教育倾斜；在同样的教育阶段，教育资源向好学校、名校倾斜；在城乡之间，教育资源向城市倾斜。

马国川：改革开放以来，中国教育发展迅速，在很短的时间内普及了义务教育，实现了高等教育的大众化，这在很多国家往往要用近百年的历史才能够实现。但是这种高速发展在一定程度上是以牺牲公平为代价的。地方政府热衷追求教育GDP，背后是一种追求效率的冲动，区域、城乡、校际的差距不是缩小了，而是比改革之前拉大了，由此产生了一系列问题。例如，由于学校和学校之间存在很大差距，优质资源集中在重点学校或示范学校，引起了父母们对高品质学校的追捧，随之产生了“择校热”，“择校热”又进一步拉大了教育不公平。如果所有的学校，尤其是公立学校的资源配置基本均衡，那么至少在基础教育阶段就不应该出现“择校热”和“奥数热”这种不正常的现象。

朱永新：教育发展不平衡是教育资源配置不均衡的结果。教育资源配置不能以市场为主，而要用政府与市场配置两条腿走路，以政府为主。现在的问题是，在现行的教育体制下，教育资源集中在政府手中。政府在教育上一方面管得太多、太死，应该交给市场的部分没有交给市场；另一方面政府作为教育资源配置的主导者，并不是以公平为原则，而是“效率优先”。我们经常讲全面发展，但有些地方打着全面发展的旗号，干着全面不发展的勾当。一些地方政府拼命向重点学校投钱，造成了两极分化的教育怪象。像大学的“211”“985”，独立学院政策，中小学的示范校、重点校建设，名校办民校等政策措施，都是锦上添花，结果导致好的更好、差的更差。另外，政府在教育经费配置中，表面上按照生均经费公平配置，但由于过去教育系统专项经费太多，很容易导致“跑部钱进”，名校得到更多资源，不断产生新的不公平。即使政府公平配置资源，但名校基础好、资源足、人脉多，不仅能从政府拿到资金，还能通过市场配置拿到更多资源。结果是，城乡之间、地区之间、学校之间等的差距越来越大，严重违反了社会公平。

目前社会反映强烈的一些教育问题，如择校问题、应试教育、外来务工人员子女教育等，本质上都与教育资源配置不合理有关。另外，在招生考试、就学等问题上还有因权力没有被有效制约而产生的不公平。

教育本来是促进社会流动的最好的杠杆和渠道，是社会保持生机与活力的源泉。但现实是，由于教育资源配置不合理，不同学校、不同区域之间的教育差距太大了，强势群体在相对好的学校读书，最弱势的人群往往在最薄弱的学校读书。也就是说，在不同质量的学校之间，社会分层也是相对比较固定的。教育发展的不均衡导致社会流动性差，造成阶层的相对固化。

马国川：有统计表明，目前考上重点大学的农村孩子数量在逐年下降。这说明，教育发展不均衡，堵塞了底层孩子向上流动的通道。弱势人群希望孩子能够通过教育来改变人生，实际上，这种改变是很有限的。除了少数勤奋和有天赋，或者有偶然机会的孩子，大部分孩子是很难脱离所属的社会阶层的。

朱永新：教育公平是社会公平的基石。教育不公平严重影响了社会大众对教育的满意度。公众对教育的不满、社会对教育的抱怨，很大程度上都是教育不公平造成的。择校、异地高考等焦点问题，背后也是教育公平问题。所以，公平已经成为中国教育改革首先要解决的问题。

实现教育公平，关键在于优化资源配置。公共财政要支持公共教育均衡发展，政府要合理地进行教育资源配置。目前最重要的问题，就是采取公平优先的政策导向，尽快研究全国范围内教育基准的建立，出台鼓励优秀教师和其他优质教育资源向农村倾斜，向中西部倾斜，向薄弱学校倾斜，向弱势人群倾斜的政策。把每一所学校办好，实现教育资源的公平分配。在保证机会公平——让所有孩子有学上的同时，尽可能争取条件公平——让所有孩子上好学，也要关注结果公平——让所有孩子学习好。公办学校的质量要均衡化，为所有的孩子提供基本相同的公共教育。

精英人士的子女要接受特殊教育，就可以到高收费的民办学校去，贫困学生也可以通过学费减免等方式进入这些学校。这样一来，就能够给民办教育腾出生长的空间。

马国川：推进教育公平就是要让每一个孩子都能够上好学校，接受好的教育。有人会担心，教育资源均衡化会牺牲效率，例如会导致现在的一些好学校的品质下降。

朱永新：宁可牺牲一点效率，也应该下决心实现教育公平。因为目前社会各界对于教育现状的不满已经达到了临界点，教育的公信力在流失。通过教育资源均衡化，把最薄弱的学校做好，使弱势人群有机会进入相对较好的学校，才可能尽快恢复和提振全社会对教育的信心。

其实，公平和效率不是对立的。如果真正做到了教育公平，效率也会提高，因为在教育资源重新配置过程中，原来一般的学校会大面积地提高教育品质，那些好的学校也会激发内部的活力。

马国川：和教育公平问题比起来，教育质量问题同样突出。中国教育质量和发达国家相比，还有很大差距。特别是学生课业负担重，考试压力大，导致一些家庭特别是一些知识分子家庭，以及一些有权有钱的家庭不惜代价，让孩子到国外接受更好的教育，而且求学海外的年龄越来越小。

朱永新：不管是人们激烈批评和抨击的基础教育阶段的应试教育问题，还是社会各界都在追问的高等教育阶段的“钱学森之问”，都说明中国教育质量没有达到社会大众真正满意的程度。一个重要原因，就是教育的解放仍然不够，现行教育体制对学校管得太死。

在基础教育阶段是“教育局办学”。因为一切都被教育行政部门规定了，中小学校长根本不是校长，最多是一个排课表的教务人员。上什么课，几点上课，几点放学，考什么内容，怎么考，所有的一切，校长说了都不算。学校没有真正的办学自主权。诺贝尔奖获得者、经济学家阿马蒂亚·森认为，发展不能单纯理解为工业化或居民收入的增加，而应当是一个拓展自由的过程。而教育对于拓展人类自由、提高生活质量具有重大意义。教育状况将影响个人赖以享受更好生活的实质自由。能够赋予人们教育的本质就是自由，没有自由就没有教育。由于学校被管得太死，没有自由，校长和老师们也就失去了教育的积极性和创造性，围着教育行政部门的指挥棒转，应试教育仍然主导着教育。

马国川：应试教育是一种以考试为目的，为考试而进行的教育。它赋予义务教育本来不应该具有的竞争性和淘汰性。考试的选拔功能，让教育的难度不断在增加，学习的内容不断在加深，大部分学生感到学习困难。很多学生是“陪读生”，陪着那些尖子学生在读书。尤其是义务教育阶段的应试教育让很多孩子失去了童年和童心。

朱永新：60多年前，陶行知先生曾经说："创造的儿童教育，不是说教育可以创造儿童，儿童的创造力是千千万万祖先，至少经过五十万年与环境适应斗争所获得而传下来之才能之精华。发挥或阻碍，加强或削弱，培养或摧残这种创造力的是环境。教育是要在儿童自身的基础上，过滤并运用环境的影响，以培养加强发挥这创造力，使他长得更有力量，以贡献于民族与人类。教育不能创造什么，但它能启发解放儿童创造力以从事于创造之工作。"所以，他提出要解放孩子的小手，解放孩子的大脑，解放孩子的时间与空间。现在看来，陶行知先生的呼吁不但没有实现，反而被绑在"应试教育"的战车上，失去了求知和探索的兴趣。

马国川：来自行政权力对教育的束缚，无疑让教育失去了活力。改革开放最大的成功奥秘，其实就是解放了生产力，解放了人民群众的创造力。因为解放了农民，人们的餐桌开始丰富起来；因为解放了工人，社会的日用消费品开始丰富起来；因为解放了资本，我们方方面面的发展速度快了起来。所以，教育应该摆脱束缚，获得真正的解放。

朱永新：是的，教育的解放是教育改革的当务之急。我们首先要解放学生。从分数的牢笼中解放孩子，让他们不再为分数而活着，让他们的个性得到张扬，让他们真正地成为他们自己。其次要解放教师，从考试的镣铐中解放教师，让他们不再成为考试的囚徒，让他们真正地享受幸福完整的教育生活，体验教师职业带给他们的成长、尊严与快乐。还要解放校长，从评价排名的恐惧中解放校长，让他们聚精会神地思考教育，让他们成为真正的教育的行家里手。最后还要解放教育主管部门的厅长、局长，从一个个升学的指标中解放厅长、局长们，让他们不要"跑部钱进"，不要"仰人鼻息"，从对上负责变为对下负责，从对分数负责变为对未来负责。一句话，解放教育的关键是“还权”，把那些本来属于学生、属于老师、属于校长、属于厅长局长的权力还给他们自己。

所以，总体来看，教育上面临的公平和质量这两大问题，都与现行的教育体制有极大关系。1949年以来，由于教育和政治捆绑在一起，缺乏发展的自由空间。在教育体制上，国家分门别类地在教育的各个层面、各个环节设置行政层级，这样就形成了行政高度垄断的教育体制，行政部门权力太大，集办学权、管理权、评价权于一身。管、办、评一体化，使教育体制呆板单一，缺乏竞争，没有活力。

马国川：教育行政部门不但对学校管得太死，对地方也仍然是高度集权的计划管理体制，一刀切是其主要弊端。中国国土面积之大，人口之多，地方发展差异之大，区域教育发展之不平衡，自然地理环境之不同，是世界上少有的。试图用同一个政策号令全国的教育，用同一个标准管理所有的区域，不仅根本做不到，也是非常危险的。许多政策，如农村中小学撤校并点、清退农村代课教师等由于没有考虑国情、省情、市情、县情、乡情、校情的差异，在实施的时候往往容易变为脱离实际、强迫命令、一刀切的行政行为和政绩工程，结果不可避免地出现了许多偏差。

朱永新：教育行政部门权力太大、太集中。以大学的审批为例，申办一所大学的手续，比申办一个企业要困难100倍。500亩地的办学占地面积，门槛就非常厉害了（其实有一些国外的高校，也就一两百亩地）。然后必须从专科办起，有几届毕业生才可以办本科，再有几届本科毕业生才可以申请招收硕士生。这样一来，十几年就过去了，想办一个能够招收博士生的一流大学，没有几十年的时间根本不可能。因为门槛太高，风险太大，所以没有人愿意办大学。

由于教育部门集中了管、办、评三个职能，既是教练员，又是领队、裁判员、运动员，权力过大，垄断性太强，又缺乏相应的监督和评价。现在很多教育问题难以及时纠正，与缺乏有效的监督机制是紧密相关的。因为官方的教育督导实际上归教育行政部门直接领导，所以它很难对教育自身进行监督指导，也不可能成为一种教育变革的力量。

马国川：由此看来，要解决教育公平和教育质量这两大问题，归根结底还是要改革现行的教育体制。如果体制不改，那么其他改革也没有保证。例如，政府优化资源配置说起来简单，假如仍然是行政高度垄断，个别部门甚至是少数人说了算，缺乏有效的监督，实际操作中怎么保证政府部门以公平优先的政策导向来分配资源？

朱永新：如果没有实质性的体制改革，不去触动、解决那些影响教育发展的深层问题，许多表面的乱象就往往久治不愈，甚至愈演愈烈。因此，教育体制改革是教育改革的核心，是实现教育公平和提高教育质量的有效保障。

教育体制改革，首先要处理好政府、学校、市场三者之间的关系。具体有三种不同的模式。比如，欧洲比较重视学校、学术的力量，美国比较重视市场的力量，中国比较重视政府的力量，各有各的特点。我们应该多借鉴一些欧美国家教育的经验，充分尊重学术和市场的力量，将教育体制改革的目标定位于建立一个充满活力、运作规范的教育秩序，形成一种服务型的教育行政部门和机构。尊重学校的办学自主权，保证学校依法自主办学，实行民主管理，由懂教育的教育家办学，让不同的学校有不同的定位。

马国川：放权才有活力，自主才有创新。所以，教育体制改革的关键，恐怕就是放权。

朱永新：是的，一言以蔽之，教育体制改革就是放权。通过简政放权，将地方的还给地方，将学校的还给学校，将社会的还给社会，使教育真正成为人民能够参与、全社会共同举办的一池活水。

第一，向地方放权。要下放行政权力，将“因地制宜”作为教育公共政策的基本价值和指导思想。应该允许地方根据自己的实际需要和资源情况自主地决定包括代课教师、教师编制、教师待遇在内的教师政策，自主决定教育结构和比例、学校布局等教育规划，自主决定学校教育模式、培养规格等等，从而形成多样化的、生动活泼的各地教育生态。

第二，向学校放权。按照建设“服务型政府”“有限政府”的思路，清理大量不需要政府管理、审查、规范的东西，彻底还给校长，还给学校，解放教育。获得办学自主权的学校才有动力建立现代学校制度。同时要发现底层自发的改革实践，形成上下呼应，把个别人、个别地方的成功探索通过制度化的方式推广。因为真正的教育智慧，真正好的教育探索，是从课堂里面生长出来的，不是办公室里面想出来的。尊重民间的首创精神是中国改革成功的一个重要经验。尊重基层的教育改革与创新，也应该是中国教育改革的一条主要路径。

第三，向社会放权。建立管、办、评相对独立的教育管理体制。“管、办、评分离”是现代行政管理的基本原则，政府的主要功能不是直接当“划桨手”，而是当“舵手”。强化政府公共服务的职能，并不意味着集中资源、强化行政控制，而是意味着建立服务导向，由直接提供服务，转变为用多种方式和途径满足社会需要，扩大公共服务的能力和改善公共服务的品质；同时，对公共服务的结果进行评价和控制。

例如，可以让社会力量更好地进入评价，让教育更科学，更加公平。高考制度之所以广受诟病，就是因为它缺乏变革的内部力量，缺乏质量的竞争机制。什么是好学校？什么是优秀的教育质量？完全可以把国际上比较成熟的评价技术用于中国的教育，让社会力量真正进入到教育评价中来。对于大学，教育部可以通过制定标准、政策、拨款实现对大学的管理。同时，通过建立新型的大学拨款机制和大学校长遴选机制，改变政府直接办学。有人形容现在的大学是“教授家中坐，校长天上来”，校长是由上级部门考察任命的官员，而往往不是教育家。所以，应该由一个独立的遴选委员会面向全社会进行遴选，报教育部批准备案即可。

马国川：我觉得，放权还应该包括向市场放权。从发达国家走过的历史我们可以清晰地看到，民间资本进入教育对于教育发展具有非常重要的作用。民间资本不仅仅是解决教育投入的问题，它本身是一条鲶鱼，会激发教育的活力；它也会是一个标杆，让公立学校不敢懈怠。长期以来，中国教育改革已经明显滞后于经济改革。有人甚至说，教育是计划经济的最后堡垒，市场力量根本没有进入教育。这话或许过激，但多少说明我们的教育是远离市场的。这也是我们的教育经常面临诟病、遭受批评的一个原因。

朱永新：教育确实存在向市场放权不足的问题。中国教育问题的症结之一，就在于市场的力量一直没有真正地进入教育领域。现在中国的民办教育总体上比较薄弱，因为民办教育的门槛太高，真正的民间资本进不来，大部分学校是依靠自己的积累慢慢长起来的。

在中小学教育方面，公立学校过于强大，多少年来长期建筑起的公立教育系统是一个不均衡的教育系统，导致好学校非常之好，民间资本要想办出好学校有相当的难度。择校问题一直是中国教育的老大难问题。本来教育行政部门承诺几年内要解决择校的问题，我看按照老思路老做法，再有若干个几年也未必能解决择校的问题。原因在哪里？就在于学校之间的差距太大，而且利益集团已经差不多垄断了好的公办学校资源。能不能动脑筋变革一下，把最好的学校性质变一变？变成让民间资本管理的学校呢？政府提供的教育资源应该是均等的，应该是尽可能优质、均等的教育。如果政府仍然垄断着最优质的教育资源，最好的学校不进行制度的变革，让民间资本进入教育有很大的难度。

在高等教育方面，长期以来，我们的高等教育基本上是以公立教育为主。即使是二级学院、独立学院，许多也不是真正的民办。即使有少量的民间资本进来，也是利用了政府的品牌和资源逐步形成起来的。由于民间资本进入高等教育的门槛太高，所以中国的民间资本远远没有进入高等教育领域，目前的政策也没有任何的吸引力。能不能用更好的政策吸引一流的企业兴办教育？能不能吸引第一流的人才进入我们的民办教育，尤其是高等教育？中国那么多的上市公司的钱都没地方去，国家能不能出台政策吸引他们办教育，这的确是一个非常大的问题。我们的大学能不能做一些改制，能不能做一些托管？我认识的很多著名企业家愿意做教育，但是这样一个体制、这样一个门槛让他们很难真正进入。

马国川：公众对教育的失望主要是在公办教育，但是要想改变公办学校是非常难的，改变公办的高等学校尤其困难。解决中国的现实问题，完全靠体制内的办法、靠政府办学的方法是不行的，因此亟须引进市场的力量。但是也有人说，教育领域不同于经济领域，在教育领域不能完全由市场说了算，因为这毕竟是一个公共服务的产品。尤其是在前些年，教育产业化遭到了社会各界的批评，教育产业化被认为是导致中国教育问题丛生的罪魁祸首。

朱永新： 教育产业化问题的讨论并不充分，很多问题没有界定清楚。在我看来，教育产业化不能一概否定，因为教育既有产业的部分，也有非产业的部分。基础教育不能够成为一个产业，但是营利性的教育机构做教育产业也没有什么不好。过去由于完全否定教育产业化，不是鼓励民间力量去办一些有特色的学校和精品学校，而是把一些办得好的民间学校转为公办学校，这完全是逆市场的行为。很多公立名校承担了供市场选择的功能，有钱有权的人通过各种方式，占有了最好的公办教育资源。

一个国家的教育有没有活力，一个国家的教育发展能不能形成好生态，取决于政府与市场在教育资源的配置方面是否合理平衡，取决于能否充分发挥市场在教育资源配置中的重要作用，让民间资本更多地进入教育，使教育更均衡、更有活力。和其他领域的改革一样，教育改革如果没有民间力量的进入，如果没有市场力量的配合，也会面临很多问题，甚至寸步难行。

马国川： 问题在于，如何界定政府与市场的关系。假如政府与市场的边界没有清晰的界定，那么很有可能导致教育秩序的混乱。比如说，政府不做应做之事，而是在教育里从事营利性活动，就像某些重点学校收取高额赞助费与政府部门“分成”这样的事，无疑是败坏教育声誉、破坏教育秩序的丑闻。

朱永新： 在教育领域，政府与市场的关系应该是这样的：政府充分发挥保公平、保基础的作用，对公办学校进行均衡的资源配置；把市场交给民办学校，它们提供有特色的、选择性的教育资源。这样政府就有更多力量去做好教育均衡、教育公平的事情。政府办的学校，资源配置大致相同，从学校的硬件如图书、实验室、操场等，到学校的软件尤其是教师等，都要尽可能相同，从而把从公办学校挤出去的对教育质量有特殊要求的群体，释放到民办教育领域。父母要选择学校，到民办教育，民办教育不是面向有钱人的学校，而是可以提供更多选择的、有特色的、服务更个性化的学校。

相关部门应该尽快制定鼓励民间资本进入教育领域的政策，落实《中华人民共和国民办教育促进法》，通过对民办学校的分类管理，对义务教育阶段非营利学校的补助以及教师在民办教育与公办教育之间的正常流动等措施，给民办学校更大的生长空间。在高等教育领域，我主张进行大学改制的试点，通过股份制改造，将一部分公办大学转为混合所有制，交给高科技企业举办或者拿出一部分高校与国外著名大学合作办学，允许教育家自主办学。如果每个省拿出一所高校进行改制的试点，其意义就非常大。这样不但可以丰富高等教育的多样性，而且可以激发公立大学的办学积极性。这样，良好的教育生态就会逐步形成。

另外，教育改革还应该包括教育的对外开放，允许中外合作办学，也允许国外教育机构到中国来独立办学。

马国川：对外开放是中国经济成功的原因之一，教育的对外开放比较晚。2001年中国加入WTO，根据WTO规则，中国承诺开放教育领域，外国教育机构可以以商业存在的方式开展教育服务贸易。中国先后制定发布《中外合作办学条例实施办法》等法律法规。截至2013年，全国举办中外合作办学项目和机构的高校达到577所，占全国高校总数的21%。教育对外开放，既可以引进优质资源，有利于促进国内大学培养机制的改革和竞争，提高中国整体教育水平和国际化的程度。但是教育开放还有思想、利益等多方面的障碍。

朱永新：对外开放可以引进优质教育资源，满足社会和公众多样化的教育需求，扭转教育贸易的逆差。教育开放对于教育改革和发展有促进作用，我们从经验上很容易认识这一点，中国经济改革就是以对外开放来带动的。只有通过多样化体制性的竞争，才能慢慢地改变国有企业的行为。同样，中国的公办大学是目前为止计划经济色彩较为强烈的公办机构，希望它自我改善非常困难，但是一旦开放了对香港地区的大学招生，清华、北大马上就改变了。所以，通过开放和竞争来促进改革是最有效的方式。开放才能促进教育的多元化，通过资源型竞争向体制性的竞争转变，形成良性的教育生态，促进教育体制改革。

中国教育的对外开放至今还是一个短板。因此，在教育对外开放上，还要解放思想。应当设立试点，对高教资源短缺的人口大省和西部地区实行特殊政策，鼓励举办更多类似宁波诺丁汉、苏州西交利物浦这样的大学，使中国学生在家门口能够接受国际通行的大学教育，培养能够在全世界就业的中国人。最核心的问题还是转变政府职能，完善教育开放的法治环境。

马国川：真正的改革需要权力利益的调整。这些年搞了很多教育改革：全国减负、素质教育、中高考改革、新课程改革……其中许多取得了很好的效果，但也有一些实际效果并不理想。很多合理的理念和改革，被现实利益、部门利益、既得利益所绑架，最后是改革变质。实际上很多听起来很好听的教育改革措施，实行的结果却扩大了既得利益者的利益。

朱永新：转型期体制改革的重要特点被称为“内部人改革”，即在缺乏社会参与和利益博弈机制的情况下，由掌握重要资源的权力部门自己进行的改革。因而，在这一模式下的改革，其实际关注往往不是如何开放市场，公平、公正地提供公共服务，以及通过管理改革提高效率，而是通过创收、收费等营利性的环节追求自身利益，甚至公开地设租寻租。它造成了基于垄断而产生的部门利益及特殊利益集团，造成扭曲的市场和不公平竞争，极大地败坏了改革的形象，引致人们对改革方向的怀疑。现在中国的教育改革进入了“深水区”，所谓“深水区”就是要打破利益链条。如果不打破利益链条，中国教育就没有希望。

其实，改革在任何国家都不易，任何国家的既得利益者们在改革损害自己利益的时候也都反应强烈。1957年，美国总统为了执行联邦最高法院关于废除种族隔离的教育体制的判决，不惜派兵保护黑人学生进入白人学校读书。几十年过去了，现在的美国人对于白人和黑人甚至其他少数族裔同在一所学校读书已经习以为常，甚至引以为豪。以后人的角度观之，那些顶住压力、大胆推动平权改革的先贤无疑是值得敬佩的。其实，无论是执政者还是具体部门的主事者，这都是应有的担当。

马国川：2013年，十八届三中全会发布了《中共中央关于全面深化改革若干重大问题的决定》（下文简称《决定》），对立德树人、推进教育公平，对深化教育领域的综合改革，从改革的方向到改革的重点、突破口等，阐述得非常清晰。蓝图已经描绘，方向已经明晰，号令已经下达，可以说吹响了重启教育改革的集结号。你认为，在重启教育改革的过程中，除了前面说的放权外，还有哪些问题值得期待和关注呢？

朱永新：首先是立德树人能否真正得到落实的问题。十八届三中全会的《决定》强调：“要全面贯彻党的教育方针，坚持立德树人，加强社会主义核心价值体系教育，完善中华优秀传统文化教育，形成爱学习、爱劳动、爱祖国活动的有效形式和长效机制，增强学生社会责任感、创新精神、实践能力。强化体育课和课外锻炼，促进青少年身心健康、体魄强健。改进美育教学，提高学生审美和人文素养。”其实，《决定》中的“立德树人”就简洁概括了这一要求，并为接下来的教育领域改革指出了根本方向。

从国内看，我们正处于社会快速转型的时代；从国际看，我们正迎接着第三次工业革命浪潮的洗礼。在这样的洪流中，想要探寻和把握方向，并不容易。因此我们也能看见，这些年我们的教育重分数而轻技能，很少关注人的生命本身、人格的健全成长，更少关注如何有效建立中华民族的共同价值体系，如何真正建设我们的共同精神家园。这样的情形下，我们的教育能不能把孩子培育成为美好的人？能不能带领我们走向美好未来？这些问题，令每个关心教育的人忧心忡忡。

这一次的《决定》中，“立德树人”四字如同灯塔，指引着接下去前进的大方向。想要真正解决这个问题，则需要全面布局、立体深入。首先要重新规划、调整我们的德育课程体系，要以学生喜闻乐见的方式，用以“己所不欲，勿施于人”“己欲立而立人，己欲达而达人”为核心的中国文化根本精神，润泽孩子的心灵，要用以积极心理学、实用健康学为基础的“生命教育”和以法制教育与习惯养成为基础的“公民教育”课程，培养学生的价值观与公民素质。当然，另一方面也需要规范教师的职业道德，并辅以切实有效的学习机制，帮助教师发展专业，不断成长。

其次是民间财、智能否真正进入教育领域的问题。据统计，目前全国各级各类民办学校已达14万所，在校生人数3911万。民办教育在很大程度上丰富了教育资源的供给，提供了多元多样的选择，也在一定程度上激发了教育活力。

但从总体来说，我国民办教育规模小、质量差的问题仍然十分突出，真正的民间资本并没有进入教育领域。民办学校的法人属性、税费优惠、产权归属等问题仍然没有得到妥善的解决。不仅民间的资本没有进入教育，民间的智慧也很少进入教育领域，许多知识精英在教育之外。

十八届三中全会的《决定》中明确提出，要发挥市场在资源配置中的决定性作用，要引入市场的机制和第三方力量变革教育，为新一轮的教育改革提供了高屋建瓴的新思路。虽然教育领域不同于经济领域，不能完全由市场说了算，但可以肯定的是，教育改革如果没有民间力量的进入，如果没有市场力量的配置，就会缺乏活力与张力。

长期以来，教育改革已经明显滞后于经济改革。甚至有人说，教育是计划经济的最后堡垒，市场力量根本没有进入教育。此言虽然偏激，却也从另一个侧面说明我们的教育远离民间、远离市场，是显而易见的事实。这也是我们的教育经常面临诟病、遭受批评的一个原因。所以，十八届三中全会的《决定》给我们一个很大的启迪，就是应该让民间资本更多地进入教育，应该让草根教改更深地进入课堂，应该让社会力量更好地进入评价。我们期待，在2014年，能够出台更好的政策，鼓励民间资本进入教育，尤其是非义务教育领域，能够吸引更多的企业、机构和个人参与投资管理；鼓励作家、书画家等社会精英走向学校。

再次是就业难题有无破解之道的问题。2013年，我国的大学生就业遭遇前所未有的困难。一方面，毕业生规模达699万人，较2012年增加19万，创造历史新高，被冠以“史上最难就业季”；另一方面，计划招聘岗位数的急剧下降，同比平均降幅约为15%。毕业即失业，已经成为许多大学生尤其是没有背景的农村大学生的无奈现实，新的“读书无用论”，正在许多农村学生中悄然蔓延。

大学生就业的难题，原因非常之多。除了宏观经济的原因外，这里面既有就业政策、就业指导、就业信息的不通畅和不及时，高校专业设置不合理，部分单位企业的用人观念不正确等客观原因，也有部分大学毕业生就业期望值过高，热衷追求“到大城市去，到大公司去，当公务员去，到挣钱最多的地方去”等主观上的原因。

总的来说，大学生就业难的根本症结还是在于结构性矛盾：一方面是农村边远地区、小微企业等招不到合适的人才，另外一方面是许多大学生不愿到国家需要的重点行业和偏远地区就业；一方面大学培养出的毕业生与社会需求不能更大限度地匹配，另一方面许多紧缺行业、紧缺专业无法满足企业需要。

经过多年的努力，我国高等教育实现了从精英教育向大众化教育的过渡，2014年的高校毕业生会超过700万人，再次刷新纪录。在经济增长速度放缓的大背景下，新毕业的学生，加上大量往年未成功就业的毕业生，一起寻找新的就业岗位，这在客观上加大了就业的难度，给本来就非常严峻的就业形势雪上加霜。如何破解就业难题，不仅是对各级政府治理能力的一次考验，也是对大学教学改革的一个挑战。

最后是高考改革能否如愿试水的问题。考试制度的改革是教育改革的牛鼻子。中国教育科学研究院和国家教育行政学院的联合调查表明，78.3%的教育局局长认为，影响教育发展的最大障碍就是考试招生制度。如何充分发挥考试尤其是高考的指挥棒作用？如何有效推行普通高校基于统一高考和高中学业水平考试成绩的综合评价、多元录取机制？如何探索全国统考减少科目、不分文理科，外语等科目社会化，考试一年多考的办法？这些都是十八届三中全会《决定》中明确提出的改革任务。此外，如何推行基于统一高考和高中学业水平考试成绩的综合评价、多元录取机制？如何推行职业院校分类招考和注册入学的录取改革？这些都是高考改革必须破解的难题。

我们认为，高考改革的根本方向是让高考招生更适合于高等学校人才培养的需要，更有利于普通高中的素质教育，更能够导向学生全面而有个性的发展。公平、自主、透明、科学、导向，是高考改革的基本原则。

高考改革也许不会一帆风顺，不会一步到位。但是，开弓没有回头箭，即将启动的高考改革，在试水以后，应该可以扬帆鼓浪，勇往直前。

马国川：教育是社会的缩影，教育改革是系统工程，牵一发而动全身。积极稳妥地推进教育领域的综合改革，不仅是十八届三中全会提出的重要任务，也是教育自身改革的内在要求。教育改革需要勇气，需要智慧，需要全社会方方面面的配合与支持，需要劳动人事制度和收入分配制度的配套改革，需要我们对改革抱以热忱的关注、善意的督促、真诚的理解与齐心的行动。

朱永新：中国教育现在站起一个新的历史起点上，我们必须清醒地认识到，中国教育要走出“教育危机”，出路就在于走出长期以来体制改革停滞不前的困境，重启改革。改革是一场除旧布新的革命，必然遭到来自既得利益的重重阻挠。必须下决心突破教育体制改革面临的旧的利益格局的束缚，打破教育体制内的既得利益链条。教育改革的共识正在形成。我相信，只要大家和衷共济，冲破阻力，中国一定会实现教育公平，中国教育一定会以优良的质量赢得全社会的赞誉。就像中国经济一样，中国教育也会创造举世瞩目的奇迹。

原载《重启教育改革：中国教育改革十八讲》（三联书店2014年版），收入本书时有修订

采访手记 “一个灵魂召唤另一个灵魂”

朱永新是民进中央副主席，也是全国政协常委、副秘书长，还是许多协会的负责人，有人称他为“朱主席”，更多的人叫他“朱老师”。我也是叫他“朱老师”，觉得这个称呼更亲切、更贴切。他也很喜欢人们以“老师”相称，作为一个以教育为毕生志业的人，还有比“老师”更好的称呼吗？

很早就知道“朱永新”的大名。那时他还在苏州担任副市长，发起“新教育实验”运动，风生水起。著名记者章敬平写了一篇文章，称其为“新希望工程”，引起社会的广泛关注，朱永新随之走进公众视野。不过当时我不关注教育，所以没有细心去研究“新教育实验”的内容，只是觉得，一个地方官员有这样的情怀，实属不易。

第一次见到朱老师，是在一个朋友聚会的场合。一个身材高大、方面阔口的苏州人，属于典型的“南人北相”。他待人热情，声音洪亮，颇为豪爽。彼时他已经进京担任民进中央专职副主席，同时还是全国人大常委，但是丝毫没有官员的架子，更像是一个修养良好的读书人。席间偶尔谈起我喜欢的苏州作家陆文夫，朱老师说和他很熟悉，还随口提到了陆先生的几个名篇，如数家珍，让我佩服不已。

此后不久，我和《读书》主编贾宝兰老师去他的办公室，对他进行了一次专访。通过这次采访，我才对他的教育思想、他发起的“新教育实验”有了初步的了解。针对中国教育的现实问题，他提出了自己的解决方案，而且身体力行地去推动。在他身上，我看到了一个躬身实践的教育家形象。这篇采访后来以《中国教育，从原点再出发》为题，发表在《读书》杂志，在知识界产生了很的影响，也影响了我自己的人生道路，虽然当时我并没有意识到。

在那次采访中，朱老师提到他在《管理大师德鲁克》中读到的一个故事。1950年著名经济学家约瑟夫·熊彼特在弥留之际，对前来探望的彼得·德鲁克说："仅仅凭借自己的书和理论流芳百世是不够的，除非能改变人们的生活，否则我的努力没有任何重大意义。"这句话改变了德鲁克的人生，也带给朱老师极大的触动。当时他已经出版了许多教育学专著，可是他觉得，一个学者的使命不是写书，而是去影响社会、去变革现状。于是，他不再埋头学术写作，而是开始倡导和推动"新教育实验"。这两个故事印在我的心里，不过在很长时间里，我仍然满足于做一个记者，把写作作为自己唯一的事业。

2014年夏天，在朱老师的办公室，我偶然提到，中国需要一个跨界的智库，类似经济改革智库"中国经济五十人论坛"那样，来推动中国教育的变革。他很赞同，答应来牵头发起。我们商定智库的名字叫做"中国教育三十人论坛"，朱老师要我担任这个智库的秘书长，我犹豫之下答应了。在他的全力支持下，"中国教育三十人论坛"很快就筹备起来，在当年年底举行了第一次盛大的年会，正式成立。

从那时起，"中国教育三十人论坛"已经走过五年历程，成为国内知名的教育改革智库。论坛在国内外举行了许多活动，产生了较大的社会反响。朱老师非常给力，凡是论坛的活动，他都会参加。他为人大度，思想解放，具有克里斯马（Charisma）气质。对于我这个秘书长，他非常信任，每每给予表扬，从来没有批评。这更让我不敢懈怠，把许多业余时间都放在这个智库建设上。

我生性散淡，不愿"做实事"，又是一个教育界的"门外汉"。朋友们都很奇怪，为什么会愿意承担起组织"中国教育三十人论坛"的责任，参与到推动中国教育变革中来？现在回想起来，一个重要的原因就是朱老师讲的故事和他本人受启发而引起的故事影响了我。假如没有遇到朱老师，我很可能不会如此投入地关注和参与教育，也就没有了我与教育的故事。

写到这里，我想起一位哲人的名言："教育就是一片云推动另一片云，一棵树摇动另一棵树，一个灵魂召唤另一个灵魂。"

哲人不我欺，信夫！

钱颖一

中国教育首要任务在育人（外一篇）

简介：

钱颖一，1956年生，著名经济学家，清华大学经济管理学院原院长，全国工商联副主席，曾执教于斯坦福大学、马里兰大学、加州大学伯克利分校等多所美国大学。著有《大学的改革》等。

“没有想到，一个经济学家对教育问题的分析如此深刻”，在2014年12月中旬举行的“中国教育三十人论坛”首届年会上，几位教育学家在听完清华大学经济管理学院院长钱颖一的演讲后，如此感叹道。

这篇名为“对中国教育问题的三个观察：‘均值’与‘方差’”的演讲，不但被传统媒体转载，而且更是在新媒体上到处流传。在短短几天里，微信上的点击量就超过了一百万。

“我也没有想到有这么大的影响”，钱颖一在接受笔者专访时说。一个多月过去了，仍然经常有不同学科的学者同他谈起这篇演讲，交流对中国教育问题的看法。

多年来，教育问题一直是中国社会的焦点问题，也很早就引起了钱颖一的关注和思考。丰富的求学经历（清华大学、哥伦比亚大学、耶鲁大学、哈佛大学）和执教经验（斯坦福大学、马里兰大学、加州大学伯克利分校、清华大学），让这位经济学家深入了解国内外教育的实际、中国教育的问题所在，并积极在一个学院里探索教育改革的实践。

在钱颖一看来，多年来中国教育被短期功利主义所主导，弊端丛生，“现在到了矫正短期功利主义的时候了”。

但是，“中国教育的首要任务，还不是如何培养杰出人才的问题，而是如何培养真正的‘人’的问题。教育必须树立‘育人’重于‘育才’的观念。说到底，培养真正的‘人’是为了实现人的现代化”。钱颖一说。

担任院长八年多来，钱颖一没有带过一个硕士生或博士生，也没有申请过一个研究课题，而是集中精力，在清华大学经济管理学院推进教育改革。

“教育改革比经济改革更艰难，”钱颖一说，“但是我一直坚信，经济学家在推动教育改革上可以发挥很大作用。”

一个简单的分析框架

马国川：您在“中国教育三十人论坛”首届年会上的演讲，产生了强烈的社会共鸣。教育是近些年社会各界关注的热点，呼吁教育改革的声音也一直高涨。作为一名经济学家，在您看来，经济改革和教育改革哪一个更艰难？

钱颖一：显然，教育改革比经济改革更艰难。但是我一直坚信，经济学家在推动教育改革上可以发挥很大作用。

这是因为经济学家有两个优势：第一，经济学的分析思路对于理解教育问题非常有帮助。经济学会把复杂问题简化，然后在约束条件下寻找到共赢的改革路径，这是其他学科所没有的。第二，中国经济学家又有丰富的实践经验，中国经济改革中的很多行之有效的办法可以为教育改革提供借鉴。

马国川：但是大家都觉得，教育问题太多了、太复杂了，只能一个问题一个问题地去分析，最后又发现，所有问题都是相互关联的，又扯不清了。就以中小学生负担重为例，学校有问题，老师有问题，家长有问题，社会有问题，最后是都有问题，似乎无解。

钱颖一： 世间的问题都是复杂的。你看经济问题复杂不复杂？复杂极了！但是经济学对复杂的经济现象进行抽象，概括为两大类问题：一个是资源配置问题，就是让市场发挥作用，把资源配置给最有效率、最需要的人、企业和机构；另一个是激励问题，就是把激励搞对，让每个人、企业和机构都有提高效率的积极性。

中国经济改革正是沿着这两条线逐步推进的：一条线是资源配置问题，一条线是激励问题，后者的深层涉及产权和所有制。

马国川： 那么，对于教育问题如何进行抽象和概括呢？

钱颖一： 教育关系到两个维度："人"与"才"。我们可以用统计学的两个度量概念——"均值"和"方差"来分别分析这两个维度中的问题，概括为四大特点。

中国教育在育"才"的维度，即培养知识和技能上的特点，是"高均值、低方差"，这是两大特点。均值就是平均水平。中国大规模的基础知识和技能的传授很有成效，使得中国学生"均值"较高，包括小学、中学，甚至是大学，与同一年龄段、同一学习阶段的学生作跨国比较。这是中国教育的一个重要优势，是其他的发展中国家，甚至是一些发达国家都望尘莫及的。

马国川： 这个特点在经验层面很容易得到证实。在许多重复性、规律性的大规模操作中，如超市的收银员、银行的柜台服务、医院的挂号收费检查等，中国的服务人员的速度和精确程度甚至超过发达国家。

钱颖一： 这种教育优势对推动中国经济在低收入发展阶段的增长非常重要，因为它适合"模仿和改进"的经济发展方式，有利于流水线式的重复性工作，这在制造业非常明显，即使是服务业也一样。所以，我们不能完全否定中国教育的成绩。中国过去30多年经济高速增长，如果教育是完全失败的话，这是没有可能的。

但是另一方面，中国学生在知识和技能上的“方差”太小。在统计学上，方差是衡量一个随机变量偏离平均数的累加程度。“方差”小就是两端的人少，出众的人少，杰出人才少，拔尖创新人才少。杰出人才的出现是小概率事件。如果说天赋的分布在不同人种之间没有太大差别的话，那么出现杰出天赋的概率就应与人口数量正相关。中国有13亿多人口，和中国人口差不多但经济发展水平不如中国的印度出众的人反而比中国多，这说明了一些问题。

马国川： 在社会上引起很大反响的“钱学森之问”，追问的正是这个问题：为什么我们的学校总是培养不出杰出人才？

钱颖一： 我认为，这个问题本身可能就有问题。杰出人才是“培养”出来的吗？也许不是。杰出人才很可能是在一种有利的环境中“冒”出来的。所以，创造环境，或者说“培育”人才，远比“培养”人才更重要。

当前绝大多数中国学生缺乏好奇心、想象力和批判性思维能力。好奇心和想象力部分来自天生，但是我们后天的教育把人先天的好奇心和想象力给磨灭了，这样人与人之间的差别就减少了。再加上学生的批判性思维能力得不到培养，学生怎么可能有创造性呢？因此，我们培养出的人才“方差”小，并不是因为中国人先天的“方差”小，而是后天被人为压缩小的。

马国川： 和“均值”高比起来，“方差”小对经济发展的影响似乎不大。

钱颖一：这取决于经济发展阶段。一个国家在低收入阶段，经济发展主要靠模仿和改进，人才“方差”小无关大局，甚至还是长处，只要“均值”不低。但进入中等收入水平后，当需要以创新驱动发展时，“方差”小的后果就会变得严重，因为这影响创新，特别是阻碍颠覆性创新的产生。

中国教育在育“才”维度上的这种“高均值、低方差”，既能解释中国过去30多年经济发展的成就，又能预示在未来经济发展“新常态”中可能出现的问题。方差太小，杰出人物太少，导致了创新不足，对未来中国经济以创新驱动发展非常不利。

另一方面，在育“人”维度上，即在培育人的素养、价值等方面，中国教育问题的特点正好是反过来，是“低均值、高方差”，这是另两大特点。“低均值”，是指人们经常批评的人的素养平均水平低；而“高方差”，则是指太低素养、太低人格的人不少。

马国川：从国人在海外旅游中的不文明现象，到众多官员的贪腐，许多事实证明国人的素养“低均值、高方差”。

钱颖一：这种情况不仅对经济发展不利，而且还造成严重的社会问题。人的素养是一个真正的“人”所应具备的基本做人准则，是人格底线。教育除了具有服务经济发展的作用，对人的素养培养和人的价值塑造以及对文明社会建设也非常重要，而人的素养的“低均值、高方差”，是中国实现人的现代化的重要掣肘。

马国川：用“均值”和“方差”两个度量来分析中国教育中“人”与“才”的两个维度，构成了一个简单而清晰的分析框架：在知识和技能上是“高均值、低方差”，在人的素养和价值方面是“低均值、高方差”。两个维度，两个度量，四大特点，非常对称，几乎囊括了所有突出的教育问题，因此得到了许多人的赞同。

钱颖一：教育问题大家都看到了，我只是建立了一个简单的分析框架而已。这样做的好处是可以聚焦问题，进而寻求解决问题之道。

“现在到了矫正短期功利主义的时候了”

马国川：教育问题聚讼纷纭，您的分析框架令人耳目一新。作为一位经济学家，您对教育问题的关注和分析，是否与自己的经历有关？

钱颖一：是的。我接受过多所国内外著名大学的教育，也在多所国内外著名大学执教。多年的求学和执教经历、不同教育背景的对比，让我对中国教育现状有一些不同的思考。

马国川：2002年，清华大学经济管理学院从海外大学华人教授中招聘了20位特聘教授，开设国际接轨的课程，您也是其中之一。当年此事轰动一时。

钱颖一：这其中有15位是经济学特聘教授，当时我联系了其他14位。这些人才的引进，虽然只是兼职授课，但是对提高清华的经济学教学水平起了很大推动作用。他们中多数是给硕士生、博士生上课，而我从2002年秋季学期开始，在清华给本科一年级上“经济学原理”。

马国川：2006年您担任清华大学经济管理学院院长后，对本科教育一直非常重视。您们本科教育改革的目标是什么？

钱颖一：人们通常都会说教育的目标是“人才培养”，而我们讲“人才”，又通常容易忽视“人”而只重“才”。所以，几乎所有的教育改革重点都放在怎样培养“才”的方面。其实，“人”与“才”不是一回事，“才”的英文是talent，而“人”的英文是human being。

中华文化和中国教育的传统，从来都是重视“做人”的传统。为什么后来重“才”压倒了重“人”？直接原因是近代以来，中国经济发展落后于西方了。落后就挨打，因为西方有枪炮，西方有科学技术，所以我们要科学救国、技术救国、实业救国。因此，教育就转向科学知识、技术知识、专业知识的传授，转向对“才”的培养。不仅在中国，在所有落后国家实现追赶中，都是一样的。

不过这种由“人”向“才”的转向在中国近年来走向极端。过去30多年，中国以经济建设为中心，通过改革和开放，经济发生了天翻地覆的变化。在经济迅速崛起的同时，经济增长似乎变成了唯一的价值和目标。即使当下讨论的转变经济发展方式、创新驱动，也仍然是把经济发展作为目的的。在这种思维中，人是推动经济发展的力量，人才就成为加速经济发展的动力。“育才”也随之变成了教育的唯一目的。

马国川：中国经济改革确实是由功利主义主导的。

钱颖一：这种功利主义有进步意义。功利主义平衡成本收益，讲求实效，注重结果，对经济发展至关重要。特别是在突破旧思想的枷锁的时候，功利主义的正面作用很大。但是，功利主义也有局限：一是如果过于注重短期利益就会失去长远利益；二是结果并非一切，原则底线有独立价值。

马国川：您是一个经济学家，经济学的哲学基础不是功利主义吗？

钱颖一：是的，经济学的哲学基础确实是功利主义。但是我们目前的一个突出问题是我称之为的“短期功利主义”：极为短视，只看眼前利益，不顾长远利益。现在到了矫正短期功利主义的时候了。

在经济学里，人有双重作用：一方面，人是投入品，是工具，目的是为了提高生产效率；另一方面，人还是消费者，所有的投资最终都是为了消费，所以人也是目的。

如果把人看成是目的，那么除了消费，人还有其他价值：人的尊严、人的自由等，都很重要，这就超出了经济学的范畴。

中国教育的任务，不仅要关注如何培养杰出人才，更要关注如何培养真正的“人”。教育必须树立“育人”重于“育才”的观念。说到底，培养真正的“人”是为了实现人的现代化。如果说“四个现代化”是器物层面的现代化，“国家治理现代化”是制度层面的现代化，那么“人的现代化”就应该是最高层面——价值层面的现代化。

马国川：教育要打破功利主义并不容易，这首先需要突破旧有思想的束缚，真正树立“以人为本”的教育理念。

钱颖一：所以教育改革需要思想引领。我非常认同邓小平的“三个面向”教育思想。1983年邓小平给景山学校题词：“教育要面向现代化，面向世界，面向未来。”我的解读是：教育要有现代眼光、世界眼光、长远眼光。

清华经管学院本科教育的改革目标是逐渐清晰和明确起来的。2008—2009学年，清华大学召开全校范围内、为期一年的第23次教育研讨会，分三个研究组，由我负责本科教育组。根据调研和讨论，研讨会形成了一个初步研究报告。这种研讨会和研究报告，通常是在研讨之后就束之高阁，再也没有一点动静了。但是我们学院就是根据这些研究来探索改革实践，付诸行动的。从2009年秋季学期开始，我们实施了新的本科生培养方案。

通识教育与个性发展相结合

马国川：清华经管学院的本科教育改革主要有哪些内容？

钱颖一：我们设立的本科教育改革目标有两个：首先，“培养每一位学生成为有良好素养的现代文明人”；其次，“创造一种环境使得杰出人才能够脱颖而出”。实现这两个目标的途径是“通识教育与个性发展性结合”。

其实，这正是对我在前面所概括的中国教育问题的四大特点对症下药。第一条，就是在育“人”的维度上，要“提高均值，减少方差”，方法是关注每一个学生，实行通识教育，恪守底线。守住底线，方差就小了。第二条，就是在育“才”的维度上，要“保持均值，扩大方差”，方法是创造环境，促进个性发展。鼓励差异，方差就可以扩大。

马国川：1952年大学院系调整之后，大学变成了专科院校，学生从一进校就分专业，很少设置通识教育课程。直到近些年，情况才有所改观。在你看来，为什么要对学生进行通识教育？

钱颖一：通识教育不是为了学生眼前的就业，而是为了学生一生的获益；通识教育既不是为专业教育打基础，也不是为专业教育做补充；通识教育本身是为培养学生成为真正的“人”这个目的服务的。

马国川：也就是说，通识教育的根本是为了人格养成，而人格养成是“成为有良好素养的现代文明人”的条件。

钱颖一：是的。通识教育在目前中国尤其重要。我们的中小学教育存在巨大的扭曲，高考选拔制度下的应试教育已经发展到了极端严重的程度，而且形成了“文科靠死记硬背，理科靠大量做题”的中国特色的中小学应试学习方式，导致学生普遍缺乏好奇心、想象力和批判性思维能力，特别是不敢于，也不善于提出问题。

为此，我们特别开设了一门课程“批判性思维和道德推理”，培养学生的批判性思维能力。我非常高兴的是，“对这个问题你CTMR了吗”已经成了清华经管学院同学的口头禅。CTMR就是“批判性思维和道德推理”英语名称（Critical Thinking and Moral Reasoning）的缩写。

马国川：我注意到，你们学院的通识教育课程，纳入了中文、英语、数学三类基础技能课程，和中国文明、西方文明、批判性思维与道德推理、艺术与审美、社会科学、中国与世界、物质科学、生命科学等八个通识教育核心课程组，涵盖了人文、社会科学和自然科学的三类基础性学科。这是其他高校所罕见的。

钱颖一：通识教育课程往往是“开阔眼界”、容易得学分的公共选修课。我们的通识教育不是选修课，是必修课。每一个学生必须在每一个课组中选一门，其中有不少课是专为经管学院开设的。

我们还有天马行空的“任选课”，占了总学分140学分中的20学分。只要是清华大学开设的课程，不分院系、不分年级，甚至硕士、博士研究生的课，都可以选，都承认学分。学生在层次、内容乃至老师上都有很大的自主选择权。

马国川：在“才”的维度上，怎样做到“保持均值，扩大方差”？

钱颖一：“保持均值”，就是要保持我们过去的强项。在课程设计上，我们保留了四门数学必修课，这比哈佛、斯坦福等美国名校对本科经济学专业的数学要求要多得多。

怎样“扩大方差”呢？就是让个性得到充分发展。每一个人都不一样。中国之所以缺乏杰出人才，与缺乏学生个性发展有关。因此，如何为学生的个性发展创造条件，就直接影响到如何为杰出人才脱颖而出创造环境。

我们过去有一个习惯性思路——因材施教，通常的做法是让一些好学生“学多一点、学深一点、学早一点”。这无非就是让知识传授超前一点。表面上看，好学生比其他学生超前了，但这只是在知识程度上而言，并不是这些学生更有兴趣、更有想象力、更有能力了。

马国川：这种方法并没有调动学生自身的创造力，也没有扩大学生自己的想象空间。

钱颖一：是的。因此我认为，个性发展的有效方式主要不是靠这种形式的“因材施教”，而是要依赖于宽松的环境和自由的空间。也就是要给学生们，特别是给突出的学生们，以更多的可支配时间、更宽容的环境，让他们根据自己的个性特点去成长。

为此，我们在一、二年级实行通识教育的基础上，为大学三、四年级学生提供了个性化教育，设立了学术、创业和领导力三个方向的“优秀人才培养计划”。

马国川：从2007年算起，清华经管学院的本科教育改革已经走过了8年历程。在你看来，改革成效如何？

钱颖一：这个问题本身就是短期功利主义的。教育改革的成效很难在短期内看清楚，但是对清华经管学院教育改革的认可已经开始显现。2014年教师节，我和学院其他四位教授共同主持的“通识教育与个性发展相结合——经济管理本科教育改革的理念与实践”项目，获得2014年国家级教学成果一等奖。这是我国教育领域中唯一的一项国家级奖励，每四年评一次，代表了中国当前教育教学工作的最高水平。我们能够荣获这个奖，说明我们的改革获得了比较广泛的认可。

教育的改革效果只能在一二十年后，甚至更长时间后才能看清楚，这跟搞经济改革可不一样。在教育改革上我们要力戒急功近利的短期功利主义。我对教育改革结果的期望是，从清华大学经济管理学院走出去的学生都是现代文明人，其中有一些成为能为中国、为人类做大事且是有益事的人。再过十几年，中国经济规模将可能成为世界第一，中国在世界上的作用越来越重要。中国需要一批具有世界眼光、良好素养、胸怀远大，并具有世界影响力的领导者。我希望这其中就有从清华经管学院走出去的人。

原载《中华工商时报》2015年2月6日，收入本书时有修订

教育决定中国经济的未来

1977年，因“文革”而中断12年之久的高考制度被恢复，大学为无数青年人带来了希望。但是在庆祝高考制度恢复40周年的同时，“为什么中国教育培养不出杰出人才”再次成为各界议论的热门话题。

“不是我们的学校培养不出杰出人才，”清华大学经济管理学院院长钱颖一在接受笔者专访时说，“而是我们的学校在增加学生知识的同时，有意无意地减少了创造力必要的其他元素，比如好奇心和想象力。”

近年来，这位著名经济学家受到教育界越来越多的关注，被公认为有思想的教育家。但是钱颖一说，自己只是一个“教育的改革者和实践者”。

自从2006年钱颖一担任清华大学经济管理学院院长以来，他潜心研究教育问题的同时，在学院推动教育改革。在他近90万字的新书《大学的改革》里记录了这些思与行。中国教育学界泰斗、中国教育学会名誉会长顾明远先生称赞它是一本“渗透着教育哲理的教育学著作”。

在钱颖一看来，现在中国经济增长速度放慢，创新才是新的增长动力来源；必须进行教育改革，才能为社会提供有创造力的人才。“中国教育的今天，就是中国经济的明天。”

因此，他呼吁切实推进大学改革：“一是现代教育理念，二是现代大学制度。大学改革应该围绕这两个方面展开。”

不过，钱颖一也提醒道：“我们不应该把教育特别是高等教育局限在为了经济发展更好、创新更好。这绝对不是教育的全部。”“教育更应该回归它的本质，教育最终是为了人，是为了让每一个人都成为有独立思考能力、人格健全的人。”

为什么中国教育培养不出杰出人才？

马国川：今年是恢复高考40周年，您作为“文革”后第一届大学生，40年来从读书到任教，一直没有离开大学，而且是在国内外不同的著名大学。在您看来，目前中国的大学距离世界名校还有多大差距？

钱颖一：中国是世界上人口最多的国家，也是世界上在校大学生最多的国家。截至目前，中国高等教育在学规模3600万，高校在校生2700万，高校每年平均录取本科专科学生700多万，这些数字都是全球第一。

目前，中国经济CDP总量是全球第二，占世界经济总量的1/7。相对于巨大的人口规模和潜在的人才规模，相对于巨大的经济总量，中国具有创造性的人才数量，无论是在科学技术成就、人文艺术贡献，还是新产品、新品牌、新商业模式方面，都显得很不相称，不令国人满意。

马国川：21世纪以来，中国大学教育的主要问题之一，就是培养的学生中缺乏创造性人才。2005年科学家钱学森提出“为什么我们的学校总是培养不出杰出人才”，迄今还是一个没有答案的问题。

钱颖一：“钱学森之问”指出了中国教育的一个方面。我曾通过统计学上的概念“均值”与“方差”来描述中国教育中的问题：从培养“才”的角度来看，中国学生的“均值”是比较高的，基础知识普遍比较扎实；但另一方面，中国学生中突出人才不多，统计上的衡量就是“方差”小。

马国川：这个概括流传很广，获得了极高的社会认同。其实，教育学家顾明远先生说过，“中国教育教出来的人才有高原，无高峰”，和你的观点是一致的。

钱颖一：科学家杨振宁先生也说过，“中国的教育体制培养90分以下的学生很成功，但是很难培养出90分以上的学生”。顾先生、杨先生，都是表达相同含义的比喻，而我是用了统计学中的概念做了更加一般性、可以进行验证的概括。

“均值”高是中国教育的优点。中国教育在大规模的基础知识和技能传授上很有效，使得中国学生在这方面的平均水平比较高。拥有大批具有基础知识和基本技能的劳动力，恰是中国过去30多年经济高速增长的重要原因。当然，“钱学森之问”也值得思考：相对于中国对教育的投入，相对于中国的人口规模和经济总量，从中国的教育体制中走出来的具有创造力的人才为什么这么少?

一个原因，就是我们对教育的认识，过于局限在“知识”上，教师传授知识，学生获取知识，好像就是教育的全部内容。我曾把中国式的“因材施教”的特点概括为“多学一点、早学一点、学深一点”。“早学一点”就是说中国教育比较超前，恨不得让两岁孩子背古诗，学算术，将知识提前学习，很多中国孩子小学学习的知识是欧美国家中学的知识。所谓“多学一点”“学深一点”就是中国孩子的作业、学习内容的范围和程度远远超出国外学校。但是不管怎样，所有这些都是局限在“知识”上。

马国川：在教育学研究界有一个“中国学习者悖论”：中国学生在基础教育阶段表现出色，但到了大学、研究生阶段就会逊色很多，因为创造力缺乏。

钱颖一：教育绝不是简单的知识传授和知识获取。创造力需要有知识，但不仅仅是知识。爱因斯坦在获得诺贝尔物理学奖后，第一次到美国，记者们纷纷前来采访，有记者问他声速是多少，但他拒绝回答，而是说了这样一句名言：“大学教育的价值不是为了记住很多事实，而是为了训练大脑会思考。”

人的创造性或创造力从哪里来？我有一个简单的假说，就是创造力等于知识乘以好奇心和想象力。这样一个简单的公式告诉我们，知识越多，未必创造力越大；知识通常是随着受教育的增多而增多，但是创造力并非随着受教育时间的增加而增加。因为好奇心和想象力并不是随着受教育年限而增长，而是取决于教育环境和方法。

我们有理由相信，儿童时期的好奇心和想象力特别高。但是受教育越多，好奇心和想象力很有可能会递减。这是因为，知识体系都是有框架、有假定的，好奇心和想象力往往会挑战这些假定，突破现有框架，这在很多情况下并不正确，所以会被批评，但是在客观上就容易产生压制好奇心和想象力的效果。

马国川：在我们国家的应试教育制度下，情况更糟，当学生学习的目的是为了得到好成绩，教师教书的目标是传授标准答案，那么教育越投入，教师和学生越努力，好奇心和想象力被扼杀得越系统化、彻底化，好奇心和想象力的减少程度就越大。

钱颖一：是的。如果创造力是知识与好奇心的乘积，那么随着受教育时间的增加，前者在增加，而后者在减少，结果作为两者合力的创造力，就有可能随着受教育的时间先增加，到了一定程度之后减少，形成一个倒U形状，而非我们通常理解的单纯上升的形状。

这就形成了创新型人才培养上的一个悖论：更多的教育一方面有助于增加知识而提高创造性，另一方面又因减少好奇心和想象力而减少创造性。这两种力量的合力使得我们预测教育对创造性的贡献变得困难，但是能解释为什么有些大学辍学生，如比尔·盖茨、乔布斯、扎克伯格等很有创造性。

因此，我对“钱学森之问”有一个简单的回答：不是我们的学校培养不出杰出人才，而是我们的学校在增加学生知识的同时，有意无意地减少了创造力必要的其他元素，比如好奇心和想象力。

大学改革

马国川：您的观点对于我们理解中国教育很有启发。人们都说，中国教育要抛弃应试教育，实行素质教育，现在又说要提高核心素养。能不能说，教育改革的核心之一是要保护学生们的好奇心和想象力，而不是简单地增加知识？

钱颖一：我认为是这样。创造力的产生不仅关乎培养，而且还需要宽松的环境。大学教育除了教授学生知识外，还要创造一种环境，尽力保护和鼓励学生的好奇心和想象力。这也正是我这些年来一直在推动的大学改革的主要内容。

马国川：1998年以来，许多大学都提出了创办“一流大学”的口号，在硬件建设方面成绩斐然，大楼林立，豪华气派，但是在教育改革方面动作很少。

钱颖一：改革需要行动，行动需要思想。在我看来，思想取决于眼光。具体地说，我相信大学改革必须要有三种眼光：长远眼光、世界眼光、现代眼光。这与邓小平提出的“教育要面向现代化，面向世界，面向未来”是一致的。

长远眼光就是要看到，教育连接的是学生的一生，不仅仅是当下的知识掌握和眼前的就业。长远眼光就是反对急功近利，要立足于教育育人的长远目标。中国教育界的现实情况是，在建设世界一流大学的目标下，在急功近利的大环境中，教师和研究、服务国家及社会更容易获得优先考虑，而学生和育人更容易被忽视。

世界眼光就是要汲取全世界的经验，吸收全人类文明的智慧。历史的事实是，在过去几百年中，先是西欧的大学，后是北美的大学成为全球高等教育的领先者。世界眼光就是要瞄准世界一流大学的水平，创造和建设世界公认的一流大学。

马国川：什么是“现代眼光”呢？

钱颖一：现代眼光就是要把教育现代化置于中国现代化进程的大趋势之中，并以教育现代化推动人类社会进步。具体来说，现代眼光主要体现在两方面：一是现代教育理念，二是现代大学制度。大学改革应该围绕这两个方面展开。

如何实践现代大学理念？我觉得大学教育要重视两个方面：一个是通识教育，一个是批判性思维和创造性思维。通识教育不同于专业教育，具有一般性。但是关键是通识教育要能够与个性发展相结合，通识教育与专业教育相融合，这就包括思维的训练。所以，我们的教育改革是包括价值塑造、能力培养、知识获取的“三位一体”的改革。

马国川：现在一般大学都开设了通识教育课程，虽然效果参差不齐。

至于批判性思维教育、创造性思维教育，在许多大学仍然付之阙如。

钱颖一：一方面，批判性思维是一个桥梁，可以连接通识教育和个性发展，也可以连接通识教育和专业教育。另一方面，创造性思维教育又是批判性思维教育的延伸。批判性思维和创造性思维既有比较功利的一面，比如它们对现在特别强调的创新非常重要；但也有不那么功利的一面，就是每个人都应该有独立思考的能力，这是健全人格的体现。

提倡批判性思维和创造性思维教育有利于突破“教育只是知识传授”的旧观念，因此对于那些通过应试教育进入大学的学生而言特别重要，因为它们能够帮助这些学生恢复好奇心和想象力，提高他们的创造力。

马国川：亡羊补牢，未为晚矣。这也是对应试教育的一种补救吧。

钱颖一：是的，我们需要“补课”。

从2009年秋季开始，清华经管学院在本科教育中开设“批判性思维与道德推理”课（Critical Thinking and Moral Reasoning，简写为CTMR）。我们将批判性思维与道德推理结合在一起，是因为纯粹的道德推理对于学生来讲可能比较难，而批判性思维如果单独开课，很可能变成了纯粹的逻辑课。这种结合是一种创新。我经常问即将毕业的学生和校友对在学校学的哪门课印象深刻，这门课或者使你改变了你的想法，或者使你发现了你的潜力？我听到比较多的是这门“批判性思维与道德推理”课。在清华经管学院同学们之间，“你有没有CTMR过”甚至变成了一个日常用语。

马国川：建立现代大学制度是教育界的共识，但是从何入手、如何推进，似乎一直也没有解决。

钱颖一：建立现代大学制度，有两个方面非常关键。首先是教师人事制度，包括薪酬制度、准聘长聘制度。其次是大学治理改革，包括内部治理、外部治理。内部治理改革的内容包括教师治学和职业化管理，而外部治理改革的内容则包括大学与政府的关系、大学与社会的关系等等。

毋庸置疑，中国的教育改革，尤其是大学改革远远落后于经济改革。不过，经济改革的经验可以为大学改革提供借鉴。中国经济改革成功的一条重要经验就是解放思想，允许大胆尝试不同模式。中国的大学改革也应该按照这样的改革方式向前推进。

从经济转型到教育转型

马国川：和经济改革比起来，教育改革似乎并不那么迫切。作为一个经济学家，您如何看待这两者之间的关系？

钱颖一：改革开放近40年来中国经济高速增长，得益于教育的大发展。由于中国教育在基础知识和技能的传授方面扎实用力，培养了无数模仿能力强的优秀劳动者，这种教育优势对推动中国经济在低收入发展阶段的增长非常重要，因为它适合“模仿和改进”的追赶阶段，特别是在与开放相结合的时候。

现在，人家对教育有很多批评。但是客观地说，过去近40年，中国的教育，特别是我们关注的高等教育，尽管存在很多问题，但还是对中国经济发展起到了非常重要的推动作用。这是我作为经济学者的一个基本判断。

不过，经过了近40年的经济高速增长，中国现在已经步入中等收入阶段，正在向高收入阶段转型。经济增长速度放慢，因为人口红利逐渐消失，资本回报率下降，我们需要找到新的增长动力。创新就是新的增长动力来源。

马国川：全世界可能没有一个国家比中国更加热衷于创新。国家把建立“创新型国家”定为战略目标，企业把创新作为转型升级的重要途径，大众创新创业的热情空前高涨。

钱颖一：是的。但是我的一个基本判断是，中国要成为创新型国家，并不缺创新的意志、创新的热情，也不缺创新的市场，甚至不缺创新的资金，最缺的是大量具有创造力的人才。

创新意味着很多方面的改变，比如产业结构的改变、产业的升级、企业的升级，企业“走出去”等等，其中最重要的因素是人。这一点在逻辑上是非常清楚的。在经济学最简单的增长模型中，人才的重要性体现在两个方面：一是人力资本，它是经济增长的重要因素；二是我们所说的全要素生产率，也就是说，经济增长中除了可度量的物质资本、人力资本之外，还有剩余的一部分无法用可度量的因素来解释，我们把这部分因素称为“全要素生产率”，它通常来自创新。

马国川：如果一个人学会了人类的全部知识，但若没有好奇心、想象力和批判性思维，他也只能是一个有知识的人，而不可能是一个有创造力的人。

钱颖一：同样，如果一个国家，教育只是致力于传授知识，而不注重培养能力，特别是好奇心、想象力和批判性思维，那么，这个国家可以在经济发展的追赶阶段表现出色，但很难获得引领世界的地位。

因此，中国的经济转型对教育提出了更高的要求。经济的竞争到现在要变成创新的竞争，而创新的竞争是人才的竞争，人才的竞争最终要落到教育上。这就是从经济转型到教育转型的逻辑链条。中国教育的今天，就是中国经济的明天。

马国川： 看来，中国的经济转型和教育转型之间的关联度是很高的。为了经济的可持续发展，中国教育改革必须提速。

钱颖一： 当然，这是一种比较功利的观点。虽然教育的其中一个功用是为了经济增长，但是我们不应该把教育特别是高等教育的作用局限在为了经济发展得更好、创新得更好。这绝对不是教育的全部。

孔子的教育就是要培养“君子”，这是从人的角度出发的教育观。到了中国近代，我们发现，原来教育跟科技有密切联系，可以直接造就经济的富强、军事的强大。因为落后就要挨打，于是我们开始重视科学技术，要发展经济，发展教育。教育的重点就转到了直接有用的知识上，特别是与科技和军事有关的知识，这是功利主义的目的。今天我们的经济快速发展，当然同我们的实用主义教育观密不可分。但是，现在中国已经步入中等收入国家的行列，要迈向高等收入国家，经济发展水平固然很重要，但这只是其中的一部分。我觉得，教育更应该回归它的本质，教育最终是为了人。

教育的本质最终是为了人，是为了让每一个人都成为有独立思考能力、人格健全的人。

原载《财经》2017年第11期，收入本书时有修订

采访手记 从经济学家到教育家

第一次采访钱颖一先生，是2008年夏天。当时正值北京奥运会期间，清华大学门禁森严，必须有校内人士来接，方准入校。我在他的引领下，走进清华大学经济管理学院。这是朱镕基一手创办的学院，并任首任院长，钱颖一则是第四任院长。彼时他正在筹备经管学院国际顾问委员会（一个规格极高的国际团队）的会议，忙得不可开交，因为他是一个完美主义者，事必躬亲。可是就在这样的繁忙工作中，他还是拨冗接受我的采访，畅谈自己的学习经历、参与经济改革的历程以及他对改革开放的思考。那一年是改革开放30周年，许多人士都在回顾和总结这段历史。钱颖一的见识和分析给我的印象非常深，这应该得益于他深厚的现代经济学修养。

1981年，钱颖一从清华大学数学专业提前毕业，赴美国留学，先后就读于哥伦比亚大学、耶鲁大学和哈佛大学，追随世界著名经济学家科尔奈等人研习经济学。毕业后，他任教于斯坦福大学、马里兰大学和加州大学伯克利分校。这些经历成就了一位经济学家，也让他对现代大学制度有近距离的观察和深入了解。

在我眼里，钱颖一是一个狷介之士。他很少接受采访，也很少发表经济学文章，甚至在诸多经济学家云集的著名论坛上，也极少看到他的身影。后来我才知道，自从担任院长职务之后，钱颖一没有带过一个博士生，也没有申请过一个课题，而是全心投入教育。在他的努力下，清华经管学院声名鹊起，成为无数学子向往之地。我也开始注意到他在清华经管的一系列教育改革举措，心生敬意。

2014年在组织“中国教育三十人论坛”（CE30）时，我请他加入这个教育改革智库，他欣然应允。在当年年底举行的CE30首届年会上，他发表演讲《中国教育的“均值”与“方差”》，用一个非常基本的统计学或经济学概念，把中国教育问题分析得非常透彻。他的观点给在场的500多名听众，包括众多教育界知名人士带来了巨大冲击。这篇演讲至今在网上广为流传。

两年后，钱颖一又出版了两卷本《大学的改革》，在教育界产生了极大的反响。在这部厚重的著作里，他提出的中国教育的急功近利问题、无用知识的有用性等命题，都是中国教育的焦点和痛点。同年，他获得首届中国经济学奖，著名经济学家吴敬琏先生在颁奖仪式上说：“钱颖一以经济学家的严谨研究中国的教育问题，我们收获了一位教育家。”这是对钱颖一过去10年艰苦付出的公正评价。

此后，我两次来访他，谈的不再是经济问题，而是聚焦于教育。我深感，他是一个有独特见解、有独特气质的教育学家。在这么多关心和研究教育的人里面，为什么一个经济学家能够脱颖而出？我想，第一，他有非常丰富的教育教学经历，这使他能够站在世界的高度来审视中国教育问题。第二，他有深厚的经济学专业素养，能够灵活运用这门最接近自然科学的社会科学，以清晰的分析框架和缜密的逻辑来分析看似繁杂的教育问题，如庖丁解牛，“砉然向然，奏刀騞然，莫不中音”。第三，他深度参与中国经济改革，积累了大量的改革经验，他把很多行之有效的经济体制改革的方式、方法、思路引入到教育体制改革里面来。

2018年，钱颖一卸任院长之职，开始回归学术。我几次联系，他都在国外。问他在研究什么问题，他都笑而不答。我真心希望他继续研究教育问题，因为尽管中国已经是世界第二大经济体，但是教育却远远落后于经济发展要求，而且中国其他方面的转型都需要教育的引领。如果未来能涌现出一大批像钱颖一这样的教育家，那么这才是中国教育的希望所在，也是中国未来的希望所在。

梁锦松

重新看教育

简介：

梁锦松，1952年生，南丰集团行政总裁，曾任香港特别行政区财政司司长、教育统筹委员会主席，参与香港教育制度改革。

“新世纪以来的十几年，世界变得很快，有七个因素在影响着香港、内地乃至全球的未来，也影响教育的未来”，梁锦松对笔者说。

梁锦松是国际知名人士，担任过多家国际银行的高层管理职位，还曾出任香港特区第二届政府财政司司长。因为“受命于危难之际对促进香港经济发展所起到的卓越贡献”，他被《财富》杂志评为“2001年度全球财经十大风云人物之一”。

多年来，这位财经领袖一直关注教育问题。十几年前，他参与了香港教育制度改革。2016年7月，身为香港南丰集团总裁的梁锦松“重出江湖”，牵头成立了“教育2.1”小组，会集17名社会各界知名人士，研究如何改善香港教育。

“原有的教育模式已经远远落后，但是我们的老师基本上还是前信息时代训练出来的，”梁锦松在接受笔者专访时说，“为什么全球都在骂教育？每个人都知道世界在飞速变化，但是方向在哪里？暂时还不清楚。”

不过，对教育问题的长期关注和思考，让梁锦松对教育的未来有独到的想法。他认为，未来人才需要具备“T型”的知识面，要有很强的素养和很好的价值观，还要有终身学习的能力与兴趣，“这样，年轻人面对世界的转变才不会慌乱，年轻人才能够应对以后的转变和未来的生活”。

目前中国内地的教育遇到巨大的挑战，社会各界普遍对教育现状感到不满。显然，梁锦松的思考有助于人们思考教育的现状和未来，对内地的教育改革也不无裨益。

梁锦松说：“我经常想的是，二三十年后我的孩子会面对什么问题。我唯一肯定的就是，未来充满不确定性。教育要适应变革，教给年轻人应对挑战的本领。”

为什么参与教育改革？

马国川：多年前您曾参与香港的教育改革，是香港教改的操刀手。作为香港财政界的领袖人物，是什么机缘让您关注起教育问题来了呢？

梁锦松：完全是机缘巧合。1990年我在花旗银行工作，偶然的机会认识了后来的香港终审法院首席法官李国能先生。当时他是香港大学教育资助咨询委员会成员，在李先生的介绍下，我参加了这个委员会。

马国川：大学教育资助咨询委员会是一个什么样的机构呢？

梁锦松：大学教育资助咨询委员会（University Grants Committee，简称UGC）是一个咨询机构，为香港特区政府提供关于高等教育，特别是大学教育的政策咨询。它同时也是一个行政机构，下面有一个秘书处处理涉及大学拨款的行政事宜，有一点像内地的教育部。

这是从英国借鉴过来的一个制度。英国人很聪明，因为官员和学者的沟通有时候可能不顺利，所以就在中间建立了一个独立委员会。

大学教育资助咨询委员会吸纳教育界、商界等各界精英人士组成，作为缓冲机构来协调政府和学术界之间的关系。大学怎么拨款、学校开什么科目、怎么进行学术评审等问题，都由这个委员会向香港政府建议，政府一般不会驳回。

马国川：这个机构确实很有意义，可以缓冲政府和学界的矛盾。

梁锦松：我在大学教育资助咨询委员会服务8年，做副主席、主席有6年，之后担任了香港教育统筹委员会主席。教育统筹委员会是香港最重要的教育咨询机构，主要负责就香港整体教育目标和政策，向政府提供意见。

除了担任教育统筹委员会主席之外，我也是行政会议的非官方成员。有人说，行政会议是香港的“内阁”，其实它是香港特区政府的咨询机构，威望比较高。时任特首董建华先生希望我专注教育问题，向他提供教育政策咨询意见。

马国川：2000年前后香港进行了教育改革，您是以什么身份参与香港教改的？改革的主要内容是什么？

梁锦松：我以香港教育统筹委员会主席的身份参与。香港教育改革涵盖的方面比较广，包括课程改革、取消小学升中学的学能测验、学制改为“三三四”（中学从七年变成六年，大学变成四年），等等。

教育改革的方向是从教为主变为学为主，把很多主动权下放到了学校。在课程改革方面，我们强调学习的过程。香港教育局也同时做了不小的改革，主要是推动老师的考核和学校的治理方案。

马国川：这次教育改革的效果如何？

梁锦松：当时引发不少争议，曾有不少家长及老师反对。但外国有不少教育评审机构认为，香港教改非常成功。

香港教育改革实有其必要性。当时社会由工业经济转为知识经济，工业经济时我们的竞争主要靠便宜且优质的产品，而知识经济加上互联网的普及，令产品和服务讲求个性化，社会需要培育讲求“一工多能”、懂得与人合作，以及具有创意思维的人才。因此，过去的教育制度已不合时宜，需要转变为重视个性化的知识型经济人才。

七大因素影响着教育的未来

马国川：2003年您辞去香港特区政府财政司司长职务后，重返商界，为什么近年来又开始“重出江湖”，关注教育问题？

梁锦松：因为这十几年世界变得很快，有七个因素在影响着香港乃至全球的未来，也影响教育的未来。

马国川：是哪七大因素呢？

梁锦松：第一个因素是全球化，世界越来越成为一个“地球村”；第二个因素是新科技，正在迅速改变这个世界；第三个因素是一人一票的选举制度，它导致发达国家债台高筑，年轻人的负担越来越重；第四个因素是发达国家的中央银行印钞票，导致货币贬值，贫富悬殊越来越严重——全球化和新科技也会导致贫富悬殊；第五个是人的寿命长了，每个人要面对的变动更多，无论是工作还是家庭；第六个因素是整个世界的地缘政治变化，在历史上从单极到多极的转变过程都是不稳定的；最后一个因素是代际冲突，不同代际人群的需求不同。现在的年轻人已经不满足于物质需求，他们强调自我，关注自尊、自由、民主、人权等东西。

这七个因素注定未来社会是非常不确定的，甚至是动荡的，年轻人面对的就是这样的社会。我们怎么样去教学生，让他们受什么样的教育，来应对这样的未来？

因此，我和香港各界人士组织成立了“教育2.1”小组，重新来看教育。我们都没有什么官方身份，仅仅是从市民的角度关注教育，研究教育政策。这次不是往后看，而是往前看，为了年轻人有能力去应对未来世界的转变。

马国川：向前看，传统教育模式确实难以应对充满不确定性的未来。

梁锦松：原有的教育模式已经远远落后，但是我们的老师基本上还是前信息时代训练出来的。这就是问题所在。为什么全球都在骂教育？每个人都知道世界在飞速变化，但是方向在哪里？暂时还不清楚。

马国川：可以肯定的是，工厂式的学习制度已经远远不能适应新的知识时代了。

梁锦松：对，用工业时代的学校来进行知识传授的模式，已经过时了。以前我说过一句挨骂的话，香港有些学生是“高分低能”。遗憾的是，现在人们注重的还是应试教育，学生懂得念书，但是其他能力很低。

马国川：在内地这个问题更加突出。所以应试教育不仅仅是香港教育的挑战，也是内地教育的挑战。

梁锦松：应试教育是最不适应信息时代的。换句话说，以前成功的，新时代是最不成功的。香港、内地乃至整个东亚，都要思考这个问题。

马国川：东亚国家的应试教育现象都比较严重。应试教育只注重知识的灌输，其实在信息获取方便的时代，许多“死知识”并不需要死记硬背。

梁锦松：中国学生很多种能力在国际上排名比较高，比如阅读能力、数学能力，但是学生学的是不是适应以后的发展？为什么美国的创新能力远远胜出呢？为什么一些中国留学生会出现这样那样的问题呢？我们缺了什么东西？

中国人还是很优秀的，问题是怎么样在创新时代继续保持领先，这是关心中国未来的人们需要思考的问题。

马国川：过去，衡量一个人成功与否的标准是是否有知识。在新时代，成功的标准也在改变。

梁锦松：有一本书叫《成功》，它说成功者一般有三个素养：一个是有很强的自信，一个是有危机感，第三个是有很强的自控能力。很多念书很好的人缺乏以上这些素养，很多成功人士不一定念书很好。现在最成功的人士是能进大学，但是不念大学。

分数是一定的学习能力的体现，但那只是知识而已。怎样培养创新能力？素养怎么学？大学录取学生除了分数，也应该考虑其他能力。像哈佛大学，招收学生不只看分数，还考虑学生的发展方向、社区服务参与度等，值得借鉴。

素养和价值观不能缺失

马国川：那么在您看来，我们的教育缺了什么东西？

梁锦松：其实就是缺了素养和价值观。

未来机器人的智力将会超越人类。有人说，要不你是科技的奴隶，要不你是科技的主人。但是，机器人有三个方面大概是做不好的：第一个是理性和价值观，第二个是创造力，第三个是企业家精神，其中最重要的是创新、冒险和坚毅精神。

这些就是素养，素养还包括创业精神、团队精神、领导力、懂得赢懂得输、有自信、有自控力，等等。

马国川：很显然，这些素养很难在学校的课堂上培养。

梁锦松：香港人一般认为，不能进一个好的学校就“输在起跑线上”。可是，素养不是在课堂里面可以学到的，而是需要体验式学习。关键不是你能不能进一个好的学校，而是你有没有丰富的体验式学习的经历。

标准答案培养不出未来社会需要的素养，因此需要提供一个安全、可信任的环境让学生去摸索，在体验式的学习环境里培养。但是，政府一般比较少去思考这个问题。在香港，这些方式也是很缺乏的。

马国川：应试教育的最大问题，就是只注重知识积累，不重视学生素养，忽视价值观培育。

梁锦松：如果老是追求什么考试分数，而不注重创造力、自控力、自信心等素养，还有价值观，是不是把学生的注意力引到了错误方向？

价值观最重要。公义、同情心、谦卑、爱人等价值观，不一定是在学校里面学的，更不是考试可以考到的。当然，价值观也需要家庭培养，需要营造一个好的社会环境。

马国川：在一个变动不居的世界，应该强调价值观。可是如果没有信仰的支撑，价值观也是很容易动摇的。

梁锦松：确实，没有一个形而上的标准是非常危险的。仅仅根据人的规则办事，但是人的规矩随时是可以变的。如果所有规矩都以少数服从多数，所谓“民主”可能导致对少数人的专政。

马国川：中国的一大问题，就是社会缺乏敬畏精神，很多人只有形而下的物质欲望，造成的问题是非常可怕的。其实，中国古代社会也是没有信仰的，为什么几千年里还能比较稳定呢？

梁锦松：有啊，中国的古人们信“天”，相信天理，相信祖宗。现在我们完全无所畏惧，不相信“天”，不相信祖宗，不相信报应。没有人之上的东西，就麻烦了。

一个社会没有信仰，是很危险的。因为如果人们心里没有敬畏，就什么坏事情都可以做出来。在这个意义上，中国教育面临的挑战更严峻。

未来需要什么样的人才？

马国川：现在我们面临一个巨大的变革时代，教育如何变革才能适应未来的需要？

梁锦松：我们认为，未来人才需要具备“T型”的知识面，有很强的素养和有很好的价值观，还要有终身学习的能力与兴趣。这样，年轻人面对世界的转变才不会慌乱，年轻人才能够应对以后的转变和未来的生活。

马国川：什么是“T型”的知识面呢？

梁锦松：就是既需要广博的知识面，又能够深度掌握一门知识。广博的知识面是“T型”的“—”，一门知识是“丨”。

我自己以前念书的时候，中学四年级就开始分文科、理科。这是工业社会的要求，因为分工可以降低成本。今天已经不是这样了。现代社会要求把很多不同领域综合起来，为客户量身定做一个产品或者服务。所以，现在要求比较广阔的知识面。

当年香港教育改革也提出，学生要有广阔的知识面。但是现在回头看，有些科目的知识深度不够。现在是创新经济时代，拥有“T型”知识面的人才是最需要的。

马国川：要培养学生的素养，对现在学校里的教学科目设计也是很大挑战。

梁锦松：我们强调的不是学生念什么科目，而是整个社会怎样联手为学校提供不同的学习经历。

香港的老师们可能太忙了，所以政府一方面要提供多点资源，另一方面要拿走现在一些的枷锁，我们叫“拆墙松绑”。要为老师多提供点儿空间，解放他们的时间，让他们除了传授知识之外，还要帮助学生、关爱学生，指导他们怎样去思考问题。

马国川：这意味着教育要发生巨大变革，但是改变其实是很难的。内地从20世纪80年代初就批判应试教育，后来提出了素质教育，可是已经过了二三十年了，还是没有什么成效。

梁锦松：这和社会选才的方法有关。我们作为雇主看得很清楚，大部分成功人士不一定是念书最好的。现在学校的考试基本上在考知识，而真正的学问是超出知识的。

马国川：这是不是也和文化传统有很大的关系？中国一千多年的科举考试讲究的是“学而优则仕”，好像书读得好就是万能的。

梁锦松：肯定的。每一个教育制度都紧紧地和它的文化、历史、社会背景连在一起。中国人注重教育，我们的老师是很优秀的，都很努力，但是有包袱，包袱就是应试教育。应试教育应该被抛弃。今后学校教给学生最重要的，是终身学习的能力和兴趣，是素养和价值观，其他交给机器做就行了。

马国川：只有社会达成共识，形成合力，才可能对改变教育制度产生实质性影响。

梁锦松：任何公共政策其实影响都很长远，有的是影响十几年的事。教育是对社会具有长期影响的话题，应该引起全社会的关注。政府往往四五年换一届，很少有精力和兴趣去研究长远问题。

当年我们推动教育改革，现在看见自己的小孩深受当年教育改革的益处，但是也深受其害，所以就有感触。本来我离开政府很久了，人家问我任何事，我都说“不在其位不谋其政”。但是教育问题，我是要讲的。

现在我思考的不光是现在的问题，也不仅是十年后的问题，我经常想的是，二三十年后我的孩子会面对什么问题。我唯一肯定的就是，未来充满不确定性。教育要适应变革，教给年轻人应对挑战的本领。

原载财经网2017年2月22日，收入本书时有修订

采访手记 “孩子们让我思考教育问题”

香港毕竟是一个繁华世界，尤其是中环一带，高楼林立，天空为之逼仄。不过从楼宇间望去，依然可以看见美丽的维多利亚港，轮船自由游弋，天光云影徘徊，让人心胸开阔。梁锦松先生供职的南丰集团就在一栋高楼里。我和香港资深媒体人文灼非先生一起，乘坐电梯来到南丰集团。

远远地，梁锦松先生快步迎上来，满脸笑容，与我们热情握手。他一身深灰色西装，配上白底碎花领带，非常得体。虽然黑发稀疏，但天庭饱满，双目有神，精力非常充沛。他引领我们走进他的办公室。办公室不太大，墙上有一幅国学大师饶宗颐先生的书法，古朴苍劲。

除香港特首外，梁锦松是在内地知名度最高的几位政经界人士之一。他曾在花旗银行工作23年，是华人在香港银行界职位最高的人。此后又先后出任摩根大通亚洲区主席、黑石集团大中华区主席，是香港金融界的风云人物。2000年，他迎娶了当时最出名的跳水明星伏明霞，成为轰动一时的新闻。2001年5月，应首任香港特首董建华的邀请，梁锦松放弃2000多万港币的天价年薪，出任年薪仅为240万港币的香港财政司司长一职。两年后以个人理由辞职，重返商场。作为一个新闻人，我对这些新闻都不感兴趣，我好奇的是他对教育的见解。

香港大学教育学教授程介明先生是中国教育二十人论坛成员，偶然的机会下，我从他那里了解到，梁锦松对教育很有兴趣，曾和香港学者一起研究香港教育问题。2016年，梁锦松还牵头成立了“教育2.1小组”，研究如何改善香港教育。从那时起，我就希望有朝一日采访梁先生。因为我总觉得，教育界人士的眼界过于狭隘，反而是那些真正关心教育问题的非教育界人士往往有精彩的见解。

这次来香港，本来并没有想到要采访梁先生。前一天晚上，我见到文灼非先生，席间偶尔提起，文先生非常热心，答应帮忙联络。非常幸运的是，梁先生恰在香港，也愿意接受采访。

梁先生的普通话说得很不错，这应该得益于他所受的教育。早年他就读于香港传统名校英华书院（Ying Wa College），后来考进香港大学。大学期间正值“火红的年代”，他曾积极参与保钓运动、中文运动，还上过井冈山考察。他被选中参加董建华父亲董浩云创办的“海上学府”，乘坐邮轮遨游四海一个学期，足迹遍布世界各地。

但是，梁锦松直言，现在时代已经发生了巨大变化，旧有的教育模式已经跟不上时代的发展。他笑着说，他现在更多的是以家长的身份在思考教育：“本来我已经我是离开政府很久了，不在其位不谋其政。不过对教育我还是有发言权的，因为我现在的身份是家长。我有三个孩子，一个13岁，一个11岁，一个8岁，我现在经常在思考我的孩子以后在哪里学习和工作，孩子们让我思考教育问题。”

显然，他是有感而发。梁锦松曾任大学教育资助委员会主席8年，而后又担任教育统筹委员会主席。他曾批评香港教育专业人员协会、教育署和教会办学团体为阻碍教育改革的“三座大山”，引起不少议论。他一针见血地批评学能测验“高分低能”，大力主张实施语文基准试，取消学能测验，使香港教育制度经历了翻天覆地的变化，也招致诸多非议。

在梁锦松看来，“科技和整个社会的要求已经远远超前，但是我们的老师基本上都是前知识时代训练出来的。这就是问题所在。每个人都知道教育要变，但是方向在哪里？暂时还不清楚”。不过，在访谈中，梁锦松先生描述了他心中的未来教育、未来人才。许多理念都很新颖，但是我很认同，因此这次采访进行非常愉快。

告别时，我从办公室的窗外俯瞰港岛，山海相连，气象万千。我想，财富让这颗“东方之珠”璀璨夺目，但是在未来，只有先进的教育才能让它永远地辉煌下去。

谢宇、汤敏、张力

高考改革路向何方?

简介：

谢宇，1959年生，社会学家，美国国家科学院院士，美国密歇根大学、普林斯顿大学终身教授，《知识分子》主编。

汤敏，1953年生，经济学家，国务院参事室参事，国务院扶贫办友成企业家扶贫基金会常务副理事长。

张力，教育学家，国家教育咨询委员会秘书长，教育部教育发展研究中心原主任。

1977年夏天，在邓小平的力主下，中国恢复了由于“文革”而中止十年的高考制度。这是一个影响千万年轻人命运的历史事件，发生在十一届三中全会召开前一年。

从中国重新进入现代化进程的角度看，恢复高考制度的意义不亚于政治上的变革。通过高考而选拔出来的无数人才，至今仍然是推动中国改革开放的重要力量。

在恢复高考40周年之际，笔者采访了三位著名学者。这三位学者都是恢复高考的受益者，他们分别从教育学、经济学、社会学的角度分析了高考制度的问题和改革前景。

他们认为，高考曾经承担了重要的社会使命，但是随着社会的发展，高考应该进行改革。不过，高考改革必须稳妥慎重，同时其他方面的改革也要跟上。

为什么人们对高考制度不满意?

马国川：中国改革是从1978年的十一届三中全会开始的。在此一年前，1977年中国恢复了因为“文革”而被中止的高考制度。请三位从各自专业学科的角度，谈一谈1977年恢复高考制度的意义。

张力：1977年恢复高考制度，是在改革开放前夕对“文化大革命”拨乱反正的第一声号角。当年5月，也就是在决定恢复高考之前，邓小平就提出“尊重知识，尊重人才”的口号。他说：“我们要实现现代化，关键是科学技术要能上去。发展科学技术，不抓教育不行。靠空讲不能实现现代化，必须有知识，有人才。”

恢复高考制度的意义，最重要的是向全社会昭示，科技是第一生产力，人才是关键，教育是基础，中国从此重新确立选拔人才的公平公正竞争原则，改变了当时年轻一代沉闷的精神状态，调动了亿万青少年学习知识的积极性，广大教师也精神振奋，整个教育界风气和社会风气为之改变，为我国进入改革开放新时期指明了方向。

汤敏：我是1977年恢复高考后的第一届大学生，我们这批人是恢复高考的最大受益者。假如不恢复高考，我们的人生道路会完全不同。

中国今天之所以能够成为世界第二大经济体，首先归功于改革开放。但是如果没有大批人才，改革开放也不可能取得成功。1977年恢复高考后的三年时间里，有90多万人才成长为各行各业的骨干，这批人在改革开放中成为重要推动力和社会发展的支柱力量。从那时起，大学源源不断地为社会输送大批优质的人力资源，这正是中国过去30多年经济高速增长的重要原因。

谢宇：从社会学的角度看，1977年恢复高考是“文革”结束后的一个划时代的变化，它既符合中国文化的期望，也契合当时的中国社会变革和经济发展的需要。

第一，依靠考试获得社会地位，是以儒家文化为代表的、具有中国特色的社会机制。作为一个社会流动的机制，作为一个实现权力分配、地位获得的机制，官考在中国有着悠久的历史。从汉代以来，官员的选拔不再依靠世袭，最主要的选拔机制就是官考。

第二，“文化大革命”以后，中国认识到，只有通过发展教育、科技，实现“四个现代化”，才能改变当时中国贫穷落后的状况。不恢复高考，教育发展和科技进步也无从谈起。

马国川：21世纪以来，社会大众对于高考制度的批评多了起来，与恢复高考之初形成鲜明对比。为什么会发生这样的变化？

张力：改革开放之初百废待兴，拨乱反正任务繁重，恢复高考制度处于深得人心的状态，自然没有很多批评之声。进入21世纪以来，随着综合国力和国际竞争力不断增强、人民生活水平逐渐提高，时代对高等教育提出了更高的、更为多样化的需求，高校人才培养模式不够适应，势必包括高考制度存在的问题和弊端。

尤其是在传统媒体与新媒体相互交织的格局下，人们的知情权、参与权、表达权、监督权日益得到保障，高考制度成为公共话题，任何不完善之处都会招致社会舆论批评，当然，批评也成为深化高考制度改革的一种动力。

谢宇：任何制度都有不完善的地方，也并不一定能够达成它自身的初衷和使命。高考原本的使命就是公平，它是一个公平的尺子，分数面前人人平等。可是任何考试都只是一个手段而已，未必能准确地反映一个人的能力。如果大家都为了这个“尺子”来学习，就本末倒置了。那些社会地位高的家庭、各方面条件占据优势的学校，能够动用更多的资源来提高学生的考分。这样，看上去是公平的手段，最后却变成了不公平的渠道。

还有另一种本末倒置：高考的目的本来是鼓励大家学习，最后却演变为鼓励大家投机取巧。实际上，考试是最简单的标准，而学习和研究是没有标准的。可是在考试这个指挥棒的指引下，学生从小学就不被鼓励独立思考问题，而是被鼓励去死记硬背，迎合考试的答案。很多学生因此养成了只会考试、不会思考的坏习惯。高考的唯分数论，导致了学生投机取巧，而不是追求创造性。

另外，以前只有极少数人能够通过考试，考上大学，现在却有将近三分之一的人能够读大学。高等教育的大众化，又产生了很多问题。

汤敏：从更深的层次看，实际上，对教育的诟病，不但在中国，全世界几乎所有国家的人都在批评本国的教育。教育涉及几乎每一个人，众口难调。最近微信群中流传着两个视频，一个是“让鱼上树”，开宗明义就用了爱因斯坦的一句名言：“每个人都是天才。”但如果你以爬树的能力来判断一条鱼，它将永远认为自己是一个笨蛋。用高考这种方式来选人才，对很多孩子来说，就是用让鱼上树的一刀切的方式决定一个人的一生。另一个视频叫：“你剪掉了我的翅膀，却怪我不会飞翔”。这个仅有8分钟的短视频，一句台词都没有，却在全世界得到了117项提名，64项大奖，刷爆了全球的父母朋友圈。

这说明，不但在中国，全世界的人都认为现在的教育有问题。真正意义上的现代化大学始于170多年前的工业革命时期，兴盛于第二次工业革命时期。标准化的课堂、统一教材、统一考试、标准的统一答案，这些都是在用工业流水线方式在制造人才，在为工业流水线培养人才。而在高考指挥棒下，我国的教育就更为僵化，更为缺少创造力。

高考只是社会问题的一部分

马国川：人们曾经普遍认为，高考是保证教育公平、实现阶层流动的公平渠道，但是这个共识正在动摇。那么现行高考制度的主要问题在哪里？

汤敏：我所理解的教育公平是指机会均等，每个学生拥有相同的可获得的教育资源。但现在，城市的孩子与农村的孩子，受教育的机会不均等。现在城乡差距、地区贫富差距很大，如果不提高贫困地区的教育质量，高考就不能成为底层实现阶层流动的公平渠道，反而变成拉大贫富学生差距的一个重要机制，贫困学生高考反而更没希望，一层一层被筛选排除掉。

高考是第二次工业革命生产流水线的产物，是为了培养螺丝钉型的人才，而不是培养创新人才，更别说能培养出敢于创业、懂得如何成功创业的学生。人才创新不足被诟病多年，高考指挥棒不改，创新思维、批判性思维的从小培养无从谈起。第三次工业革命呼啸而来，到时将是以创新为主的社会，各行业对创新要求越来越高。目前的教育体系能够满足这种要求吗？不能。要特别防范高考把学生创新的能力都扼杀了。

张力：促进教育公平，在宏观政策层面有三个维度，一是权利公平，二是机会公平，三是规则公平。目前我国高考制度正是沿着上述公平维度向前推进的，今后改革也将始终坚持这一方向，人民群众的满意度就是最好的衡量标准。实际上，高考制度改革多年从未停下脚步，就说明制度还有许多不完善的地方。

有专家分析，突出问题是评价标准单一，招生录取集中统一模式没有变，学校、考试机构、招生部门之间关系没有变，部分地区还存在等待观望态度，寄希望于照搬改革试点地区经验，而没有因地制宜地探索创新，这些都需要在深化高考制度改革进程中加以破解。

谢宇：为什么会形成评价标准单一格局，以考试分数为唯一标准？因为官僚体制习惯采用简单的、一刀切的方式来处理问题。其实，不同的老师和学校，对学生有不同的期望。但是在现行的高考制度下，学校和老师没有权利招收自己喜欢的学生，学生也没有权利选择自己喜欢的学校和老师。高考完全变成了机械化操作，学生得不到充分的发挥，学校也无法充分地认识到学生的特征，都是按照分数高低分配的。

我在北京大学工作很多年，发现不管是学校的招生、培养方案，还是老师的录用、评职称，都很可笑，不符合建设世界一流大学的目标。

马国川：人们常用“指挥棒”来描述高考对教育发展方向的影响。有人说，唯分数论、一考定终身的这些高考形式，扭曲了整个中国的教育。因此要解决中国教育的问题，核心是解决高考问题。诸位怎么看待这种观点？

汤敏：我们听到的最极端的观点是“高考不死，教育难兴”。可是，在目前的诚信水平下，企业招工、政府招干都是看你从哪里毕业的，中国没有高考行吗？在优质教育资源分配极度不公平的环境中，在市场竞争愈来愈激烈的社会里，没有高考如何才能决定谁能进好学校、选好专业？如何才能更公平地选拔人才？

改革开放后，有关部门也一直在对高考进行各种改革试验，如保送、推荐、优录等等。可是，试行的结果都不很成功，很容易伴随着弄虚作假、徇私舞弊、贪赃枉法，造成更不公平的现象。在今天，高考还是老百姓认为比较公平的少数政策之一，所以一定要慎重。但是，慎重不是不能改。改革一定要从国家、民族，从国际竞争的高度，从社会经济未来长远发展需求的角度来看问题。不管怎么改，都会有人不满意的。真理有时往往掌握在少数人手里。在强调高考公平的时候，要牢记我们祖宗的教训。当年的科举考试，以八股文的标准来衡量，从公平的角度看，是最公平的。但结果却是挑选出一大批因循守旧，饱学无用知识的庸才统治国家，成了耽误中华民族几百年的重要因素之一。

谢宇：从高考问题就可以看到教育体制的问题，从教育体制问题就可以看到整个社会存在的问题。高考存在的问题只是社会问题的一部分。

幼儿园没有高考，但是幼儿园也存在这样的问题，中小学也是如此。学生进了大学以后，主要还是听大课、背功课、应付考试。包括清华、北大的学生，主要的特长就是考试，而不是问问题，缺乏创造力。

当然，我不赞成突然改变高考制度，巨大的断裂性改变会影响社会稳定。高考改革应该是尝试性的、局部的、循序渐进的，可以尝试一些方法逐渐地改进高考，不能搞“休克疗法”。因为高考制度不是孤立的问题，也不一定能够解决社会问题。

高考改革的方向在哪里？

马国川：目前高考制度改革的主要措施是什么，进展如何？

张力：2013年中共十八届三中全会以来，高考制度改革成为考试招生制度改革关键一环，决策位次也从教育部提升到国务院。高考制度改革的主线，就是一直坚持有利于科学选拔人才、促进学生健康发展、维护社会公平。

根据中央总体部署，目前31个省区市全部完成包括高考在内的考试招生制度改革实施方案，正在探索招生和考试相对分离、学生考试多次选择、学校依法自主招生、专业机构组织实施、政府宏观管理、社会参与监督的运行机制，以今年沪浙两地高考实行新方案为先导，今后各地将陆续跟进，让高考制度置身公开公正透明有效的社会监督之下，逐步形成学生学校双向多次选择的新格局。

汤敏：这一轮高考改革是30多年来力度最大、范围最广的综合改革，包括了高考内容和方式改革、高校招生录取制度改革等。这次高考改革，要从过去的注重分数公平，改到全面考查学生的各科成绩，考查学生的独立思考和运用所学知识分析问题、解决问题的能力，促进学生全面而有个性的发展上。

我认为这个改革方向是对的，关键是如何落实。首先我认为要大胆试点，小心推广。高考这个龙头，牵一发动全身，改错了社会成本太大。而且，现在谁也不知道哪种方式好。很多的方式理论上看起来很好，但执行起来完全不是一回事，一定得试一试才知道。应该拿出改革开放初期办多个特区的办法，多种模式试验，看清楚了再推广。这样可能会慢一些，但不容易出大错。同时，在推进高考改革的同时，也要推进其他方面的改革，特别是企业招工、政府招干的改革，孤立地进行高考改革很难成功。

谢宇：在我看来，高考改革的方向就是自主招生，让学校拥有自主性招生的权力。当然，这样做会占用学校的大量资源。因为除了考试分数以外，学校还要了解学生的特长和能力，现在很多学校还没有这个精力去做这个事情。其实，民国时期的大学就是这样做的：学校自己组织考试，根据自己的需要来选择想要的学生。目前国外的大学也是这样做的。假如大学有更多自主招生的权力，就能够改变目前的局面。

与此同时，我们要慢慢地改变社会的价值观。每个人都有可能对社会有所贡献，都应该受到尊重。我们应该鼓励与众不同，尊重个人选择，而不是用一把尺子衡量所有的人。一个社会不仅应该让精英有良好的就业机会和发展平台，更应该让大多数人都有追求幸福的权利和机会。除了读书考试以外，整个社会应该鼓励人们有不同的追求，提供不同的途径让人们实现个人价值，获得社会地位。

马国川：目前社会各界对于高考仍然期望殷切，同时高考又面临社会发展、科技进步等各种挑战。展望未来，中国的高考制度可能是什么样的？

张力：从高考制度建设与改革长远方向看，中共十八届三中全会文件明确定位于“拓宽终身学习通道”，习总书记强调考试招生制度改革，“总的目标是形成分类考试、综合评价、多元录取的考试招生模式，健全促进公平、科学选才、监督有力的体制机制，构建衔接沟通各级各类教育、认可多种学习成果的终身学习立交桥”。相信终身学习立交桥绝不可能是应试教育独木桥。

预计我国高考制度将沿着科学设计、取信于民的路径进入新的阶段，不仅有利于为适龄青年提供更多公平深造机会，而且加快搭建便于全体国民终身学习的平台。

汤敏：未来，当“慕课”（MOOC）发展成熟，在全国甚至世界各国普及后，只要有互联网就可以在世界上任何地方上到同样的课。这时，学生对学校选择就可能会产生很大的变化。当学生在任何地方都能学到全世界最顶尖学校的课程，学到自己最喜欢的课程时，学校的选择可能就没有这么重要了。还有，学生就可以不局限在一个学校，一个地点中学习。这样的上学方式，考哪一间学校可能就没有那么重要了。到那时，高考的分数也没有那么重要了，高考的重要性逐渐弱化。

再想更远一点的未来，学生在中小学中学习、活动都大数据化了。企业招工的时候，根据岗位的需求，列出他们这个工作所需要的人的能力、特质、脾气、爱好等等，不用你去申请，猎头公司的云计算技术早就把你在这一年龄段适合的工作岗位给对应好了。人工智能发展成熟后，一个根本不用高考的日子或许就会到来了。

谢宇：我认为，比较理想的高考是有几个特征：一是不再那么重要，不再是一考定终身，学生不再把所有的精力都放在高考上。理想的高考，就是不重要的高考。二是高考还能够为普通人的子女提供向上流动的机会。这是中国长期以来的传统文化，要传承下去，否则会让大家认为社会不公平。三是高考能够选择人才，但除高考之外也有发现和选择人才的方式。

原载《财经》2017年第15期，收入本书时有修订

采访手记 高考“鼎谈”

在中国，高考是一个谈不尽的题目，因为它寄托着无数家庭的希望。尽管社会日益多元化，但高考仍然是阶层流动的一个主渠道，相对来说也是一个最公平的制度设计。因此，每年6月高考季，舆论场上都会硝烟弥漫。2017年，恰逢高考制度恢复40周年，高考更成为社会热词之一。

1977年夏天，在邓小平的力主下，中国恢复了由于“文革”而中止了10年的高考制度。这是一个影响千万年轻人命运的历史事件，发生在十一届三中全会召开前一年。从中国重新进入现代化进程的角度看，恢复高考制度的意义极为重大和深远。通过高考而选拔出来的无数人才，至今仍然是推动中国改革开放的重要力量。

于是，每隔5年或10年，都会有民间自发的纪念活动。2017年似乎更多了些热闹，其中既有历史越远、怀旧越深的因素，更有对当下的怅望和对充满不确定性的未来的迷惘。我就是怀着这样的复杂心情，采访了三位著名学者。三人都是恢复高考的受益者，却各有不同：一位是体制内学者，一位是半体制内学者，另一位则是体制外学者；再加上三人专业背景不同，他们分别从教育学、经济学、社会学的角度分析高考制度的问题和改革前景，从而对高考制度形成一个覆盖性的审视。

由于三位受访者不在一处，又都是忙人，因此只能分别采访，然后综合在一处，这使得访谈缺乏现场感。又由于形格势禁，回避了更深层次的问题，三人都很理性而克制，所以我深感未能尽兴。日本人把三人对谈称为“鼎谈”，非常形象生动。我希望，有朝一日三人聚于一室，实现一次真正的“鼎谈”。

金耀基

大学共和国

简介：

金耀基，1935年生，著名社会学家，香港中文大学原校长，香港中文大学社会学荣休教授，台湾“中央研究院”院士。著有《大学的理念》《海德堡语丝》等。

教授要升迁是非常难的

马国川： 您是哪一年就任香港中文大学校长的?

金耀基： 我1970年到香港，1977年成为香港中文大学新亚学院的院长，是中文大学历史上最年轻的院长，然后又做了十几年的副校长。到了2002年，因为李国章校长要到政府做教育局局长，让我考虑做校长，后来校董会聘请我当校长。我一辈子教书，虽然没有和行政完全分开，但是我没有放弃本业。我在中大35年，唯有这两年没有教书，没有做研究。

马国川： 您成为专职校长了。

金耀基： 原来我做院长、副校长时还上课的，还做研究，等于是兼职院长、兼职副校长。当了校长就没有办法了，哪里有时间教书、做研究?

根据香港中文大学条例，最高治理机构是校董会。校董会主要由两部分人士构成，部分是大学的教职人员，部分是社会贤达之士，包括好多大企业家，因为他们也支持学校。社会贤达完全是义务的。校董会不管学术，只负责与学校行政有关的重要事务，对大学有最后的权力，每一个校长、每一个教授聘任都要经过校董会通过。

马国川： 教授人选也要报校董会？

金耀基： 对，校长准备材料之后报给校董会。材料包括近几年来发表的论文、教学成就。对论文，我们一定要送给全世界本行的权威评价。这些人我们都不认识，有英国的有美国的，偶尔也请内地的权威，但是至少有四个教授，有一个教授说不行的话就通不过。学术界里面同行相忌的情况是有的。假如我们发现三个人都说好，只有一个人说差，怎么办？学校决定再送给一个这方面的世界级的学者，看他怎么说，假如这个人说不行的话，那就通过不了；假如这个人说很好，就会顺利晋升。总而言之，教授要升迁是非常难的。

马国川： 这套机制和内地完全不一样。

金耀基： 不一样。

马国川： 但是有这样的问题，校董会对学术了解吗？

金耀基： 很简单，他们对校长上报的材料都很尊重，他们依据外面审查的结果来决定。我们还是信任一些已经有成就的人不会乱讲，因为他们要保持自己的声誉。为什么要在世界范围找权威教授？道理很简单，今天的许多学术研究不只是中国人在做，全世界都在做。现在大学里面做的东西，很多是相同的，有共同的标准。是不是有一些东西的确有民族性呢？历史文化元素越多的就越有民族性，这没关系，你不要以为中国的东西只有中国人做研究，外国人也很多，他们也有很高的学术成就。所以， 定要客观地审查，这样才能决定教授能不能升迁。

马国川：那么聘请教师呢？

金耀基：聘请教师基本上也是一样，先送到外面审查资格，最后由校董会决定。如果外面的审查说这个人很优秀，那么他到我们学校来，我们一定会欢迎的。

马国川：这样就保证了教师的质量。

金耀基：不能说我们是一点小错误都没有，但是99%的质量基本上保证了。学校要请教授，首先是看全世界在该学术领域里很好的教授有没有可能来，我们在全世界的相关学术刊物上刊登消息，让他们知道信息。有的已经在国外一流大学里面任教了，挖不过来，但是也有看到消息愿意来的。比如说有一个统计学的教授，年纪轻轻，却申请做最高的讲座教授。最妙的是他的论文不算多，但是一看他的学生，都是哈佛等一流大学的教授。我很奇怪，马上打电话到芝加哥大学去问，我说是你们系里这位先生怎么申请到中大来？对方说，这是上帝给你们的礼物，因为他太太不喜欢芝加哥，他自己早年在香港生活过，所以他才愿意到你们中文大学去。

马国川：是上帝的礼物。

金耀基：对，上帝的礼物。

马国川：在中大里教授发挥什么作用？

金耀基：第一，校董会里有教授参与，有几个位置是为他们保留的。第二，学术事务上最高的是教务会，有些案子校长提出来希望教务会审查。校长是开会主席，他要酝酿很久，要提出能服众的理由。

马国川：如果学生反对呢？

金耀基：学生反对，也有的。例如，香港其他大学都是英文教学，中文大学是唯一双语教育的。因为如果不是双语的话，就没办法实现真正的国际化，没办法请哈佛、牛津的一流教授到这儿教书，学生听不懂，没有意义。所以中文大学里教授不一定能够懂双语，但是学生必须懂双语。可是教务会通过之后，学生向校董会提出反对，审查中文大学是不是不应该那么强调国际化。问题闹得不可开交。刘遵义校长请我做主席，成立了一个20人委员会，其中有老师代表、校委会代表、董事会代表、学生代表，由他们进行公开的辩论。这样搞了两年，有的人还不同意，认为中文大学就应该用中文，到法院去告。

马国川：还有人把这事告到法院去？

金耀基：法院审查不是小事情啊。对方请了大律师，上百万的律师费呢。中文大学也请了英国人权方面很有声望的律师，法院最后判我们大学赢了。诸如此类，不是那么简单的。

如何遴选校长？

马国川：校长是怎么确定的？

金耀基：也是在全世界范围里面找。校董会成立一个遴选小组，里边有校董会的董事、两名大学教员，有时还听取学生一些意见。遴选小组在确定校长的条件后，委托一个国际性的猎头公司——哈佛找校长也是雇用这家公司。猎头公司到全世界去找，初步选定十个人。遴选小组经过讨论，最后决定七个，专机邀请他们过来。只说请他来做个演讲，跟师生见见面，大家问一些问题，看他是不是有校长之才、有没有做校长的胸量。有时是一次，有时是两次。这个过程差不多一年的时间呢，遴选小组最后确定一个人选报董事会。董事会一般都会批准，因为这样遴选出来的人选，董事会要反对是很难的，所以基本上不会反对。但是我们有一个潜规则，1997年之后我们不希望用外国人，校长都在中国人里面找，至少他是双语的，对内地、对香港了解。

马国川： 这和内地的校长任用制度完全不一样，内地现在还是任命制，是上级部门委派来的。有人写文章，题目就叫“教授家中坐，校长天上来”。这导致人们对校长不大尊重，甚至有很严厉的批评。

金耀基： 我发现，大陆很重视理工科，许多大学校长都是理工专家，有些还是院士。大陆跟台湾都把院士看得太高，什么都要找院士。院士可能是很好的学者，但未必是好的校长。我这话不是贬义，我自己也是院士。学术能力和行政能力是两个完全不同的概念。是不是有一些校长的确不好？

马国川： 有些非常差，因为他把校长当作官来做的。大学校长都是有级别的，有厅级校长，有副部长级校长。现在对于内地高校的批评集中在两个方面：一个是行政化，一个是官僚化。有很多学校的教授愿意去竞争学校的一个处长职位，因为这个职位掌握了很多的资源。

金耀基：现在的大学真的是非常复杂。美国加州总校校长克尔是我非常佩服的，他说过，大学变得跟城市一样，不像以前那么简单，弄几个系，教教书，现在非常复杂。大学的行政化，某种意义上是不可避免的。美国大学找校长不是要求学问最好——当然学问要到某个水准，而是要求管理才能高，尤其是美国大学对捐款的依赖程度很高。中国大概没有这个需要，因为大学是国家的，但是也要跟外面沟通关系。

马国川：你是说，大学的行政化是和大学规模的空前扩大有关系？

金耀基：规模扩大之后，行政化是不可避免的。至于官僚化，看你怎么翻译了，我们把它叫做“bureaucracy”，翻译为“科层组织”。科层制是一种建立在理性行动基础上的组织管理体制，最大的特征就是“技术最优性”，但是它也会导致官僚主义的滋生、人性的压抑以及创新精神的窒息等。

马国川：在内地大学，一些人把大学校长作为跳板，比如说从校长跳到了副省长。

金耀基：大学是国家培育人才的一个重要基地，如果校长只是仕途的跳板，那么这一定是坏事。制度必须保证大学校长懂教育，要有一种专业精神。像美国大学校长一般是从这个学校到另外一个大学去，基本上还是在教育系统里。校长任部长的不是没有，但比较少。

马国川：内地大学的官僚化倾向要严重得多。例如，对于教育部搞的教学评估，各大学都非常有意见，但是没有一个校长敢于公开站出来反对，因为他们是上级部门任命的，体制决定了校长不是对下负责而是对上负责。

金耀基：这是制度造成的坏现象。制度应该有一些限制，使得这类问题不出现。现在这个制度里面理性化的东西不是没有，但是这种制度下，可能会产生很多相当不好的效果。在这个情形下，我认为未尝没有一些可以改善的空间，比如说是不是在教育部决定任命之前，设立一些独立的委员会，委员来自不同的大学，让教授也有机会参与。另外，大学本身有一些委员会，是不是可以有一些建议权？

不管是聘任教授还是校长，香港中文大学的做法跟我们重视国际化有关系，成本比较高。中国内地的情形跟香港当然不同，内地这么多大学，全部要走这条路的话恐怕并不太现实。再说，内地那么大，人才也够了，遴选校长不一定要到外国去，尽量使审查客观性、公信力更强一点即可。

政府怎么给大学拨款？

马国川：香港有几家大学，政府根据什么给大学拨款？

金耀基：我们是公立学校，费用很高，除了募集的，85%的钱是政府给的。政府给多少钱，是根据大学拨款委员会的建议的。大学拨款委员会是英国制度，政府不直接对接大学，而是对接大学拨款委员会。大学拨款委员会的人员也是来自世界各国的学者、教育行政人员，还有一些就从学校里面选一两个人参与进去，再加上香港的少数社会贤达。这些人很关心也懂得大学教育。这个制度比美国好，美国州立大学拨款要跑到议会去，被议会大骂都是有的。我们没有，我们要面对的是大学拨款委员会。

马国川：大学拨款委员会如何运作呢？

金耀基：比如说要成立一个新的系，大学拨款委员会要看整个大学的布局，是不是把所有问题都考虑到了：新系要请多少人，开什么样的课，有些课合不合理，等等。委员会里很多都是英美等国重要大学的校长，他们都非常了解情况。学校要跟委员会辩论，然后由委员会做决定，决定之后大学还可以表示不同意。但是政府基本上会遵从拨款委员会的意见。过几年，拨款委员会就会过来看你发展得怎么样，定期察看研究情况。

在我任内，中大建立了法学院。香港已经有两个了，是不是还需要一个法学院，经过了很多的论辩。拨款委员会详细询问一系列问题。这里面有世界著名法官，我要去跟他们做报告，告诉他们中大为什么还要搞一个法学院，中大的法学院走哪个方向，法学院设哪些课程，等等。我告诉他们，法律教育是大学生最重要的教育之一，不是说将来做法官、做律师而已。当然不可能说不培养法律专才，香港真正重要的资产是法治，没有人才怎么可能继续下去？还有，将来我们希望对自己的国家有贡献，培养的法律人才将来也可以到内地去，诸如此类。我把这些做成报告，他们多番审查，非常严格。最后公布结果，他们表示支持。

马国川：这点和内地是不同的，内地大学设立新的专业要到教育部去审批，有时会变成和主管官员的一种交易。

金耀基：大学跟拨款委员会搞交易的可能性很小，这是制度的优化问题。你知道吗，特区政府心里也不开心，因为它管不了大学，这些都是拨款委员会的权力。学校表现不好的话，第二个三年可能拨款就少了；做得好的话，可以增加经费。作为校长，我有时候也很讨厌这个制度，因为太繁杂，但是从真正全面发展的角度来看，这种制度是客观的，是好的。

大学共和国

马国川：我理解，中文大学最突出的一点就是国际化的眼光和国际化的制度。

金耀基：刚才我讲的审查制度是国际化的一个环节，因为我们有一个基本前提，大学的知识是世界性的，不是说只是属于中国的。中国研究的专家往往是中国人，可是英美欧洲日本等地也有学者搞，所以即使是中国研究也是世界性的。

马国川：因此一定要放开眼光，要有国际化的视野。

金耀基：这是肯定的。中文大学是李卓敏校长1963年创办的，这个人雄才大略。他本人是加利福尼亚大学伯克利分校经济学教授，曾任该校国际工商系主任，那时伯克利分校如日中天，几乎压倒哈佛。1963年李卓敏教授受聘到香港筹办香港中文大学，他说，中文大学是一个中国人办的国际性大学，不是中国大学，不是英国大学，也不是美国大学。

马国川：他一开始就把中文大学定位为中国人办的一个国际性大学。

金耀基：西方中古大学原来有一个世界精神，巴黎的教授可以到伦敦去，伦敦的可以到罗马去。那时通用语言就是拉丁文，但是到了20世纪下半叶英文取代了拉丁文，成为世界语言。希望中文将来也变成世界的语言，在某种意义上这种苗头已经出现了。可是在大学里面，离中文变成世界的学术语言还有一段距离。例如，物理学通用的是英文，假如不用英文，研究都做不了，因为基本材料都是英文的，要跟同行沟通必须用英文。这是很自然的，因为19世纪大英帝国是"日不落帝国"，20世纪美国又是用英文的，垄断科技，称霸世界。现在中国的重要大学恐怕不能够不用双语，中文是必要的，英文也是重要的。

马国川：但是因为国力强大了，现在大学里也有反对英语的声音：搞英语干什么，中国这么富了，将来外国人都到中国来学习呢。

金耀基：这是一种情绪的宣泄。英文已经不是英国人的英文，也不是美国人的英文，而是世界语言。我在德国访问的时候，我也不会德文，完全用英文讲的，法国现在也是一样，日本人很多也是用英文。为什么我始终觉得美国不容易没落呢，最重要的是它有很多真正一流的大学。

马国川：虽然经济上出了问题，但是它的大学仍然是世界上最先进的。

金耀基：对，而且最多，仍然能产生世界级的人才。它的学生来自全世界，都是最好的学生，而老师又是世界性的。像哈佛这种地方，有20%多教授是外来的，所以它的学术是天下的东西。

马国川： 真正实现了学术“天下公器”的理想。

金耀基： 大学教什么东西，差不多全世界都相同，只是看谁的水准高。你说重点大学不办文科吗？不办理科吗？不办工程学院吗？不办新闻学院吗？诸如此类。不能说今天我教的物理跟美国不一样，即使是中国文学研究都要有世界的视野。大学的全球性、全世界化就表现在这方面。

马国川： 大学精神全球化，大学制度全球化。

金耀基： 对啊，现在要跟国际接轨，接轨不是要跟非洲去接轨，要跟世界上最先进的接轨。不能说西方理论我们都不要承认，可能吗？这是人类共有的东西，杨振宁拿了诺贝尔奖，也是在西方学术的领域里面发展出来的啊。所以，不要小气地说这是美国的、那是英国的，世界是一个大学，大学已经是一个共和国。

马国川： 这个说法太好了，实际上世界大学它形成了一个共和国。

金耀基： 严格讲起来，是不是变成全球大学了？有人是这样认为的。我认为，全球化是一件事情，是不是变成全球性的大学是另外一件事情。美国的哈佛等大学都不是全球大学，哈佛也都在问：到底我们对美国贡献应该怎么样？我们中国人当然也问这个问题，我们对中国人的贡献在哪里？我希望培养的人才是给香港本地、给中国培养的，我不希望学成后都到美国去。但是这些人才呢，其实基本上各国都可以用的。他们可以用我们培养的，我们也可以用他们培养的。

马国川： 国际化恰恰符合学术“天下公器”的理念。

金耀基： 当然了，“天下公器”不错，可是作为一所中文大学，我认为要非常重视怎样把我们中国文化继承下去。大学就是要把文明保留下来、传承下去，世界上一些大学，包括剑桥，还在研究一些不常见的语言，就是为世界保留文明。1905年的废科举、兴新学非常重要，实际上是从经学时代到科学时代的一个转折点。我个人是批评科学主义的，但是我们客观分析的时候，必须承认，科学的确是使我们整个社会往前发展了。但是在科学之外，人文很重要。我们是中国人的国际性大学，很多东西跟世界接轨，可是呢，中国的人文跟西方还是不一样，我们中国应该多保存一些，这是我们的责任。虽然是全球化，但中国文明里过去的好东西要传承发扬，要不然我们就跟其他任何大学一样了。

大学天然要求学术自由、学术自主

马国川： 您对学术自治是怎么看的？

金耀基： 英美对学术自治是非常重视的。香港中文大学虽然是在英国殖民的时候开始建立的，但是一旦建立以后，政府不再干预。是不是完全没有影响？当然也有，但是不大。我认为大学要办得好，它天然要求学术自由、学术自主，因为它要做的工作需要比较更高的自主性，需要更多的自由。我认识的一些校长也不断地在寻求怎么样保障大学的学术自主性和学术自由。学术自由是自由里面的一个类别，特别是做学术研究，必须要突破很多禁区。

马国川：大学只是社会机构的一种，为什么要特别强调自主与自由呢？

金耀基：因为它的任务是要传授知识，要创造新的知识，就需要培育活泼的、有思想的人，没有自由的环境怎么培养得出来？像苏联时代、中国"文革"时期禁锢得不得了，后来出现了灾难。香港的大学虽然是殖民地时代的产物，但是学术自由、学术自主绝对是有的。严格讲起来，台湾很长时间内也不是那么自由的，也是民主化以后才有的。"文革"的时候说，有知识的人最愚蠢，无知识的人最聪明。这是歪理，哪里可以这样讲？当时歪理居然变成真理了，这就可怕了。我看到大学在"文革"的时候统统变成"毒草"了，令人痛心。中国13亿人没有不同的声音，那怎么行？

马国川：改革开放后，这方面发生了根本性变化。

金耀基：中国要发展的话，哪一样不需要好的知识？知识哪里来，得靠大学，靠大学来创造。可是，很多人对大学的功能并不太注意。

马国川：内地一所著名大学的校长说，大学是培养蓝领人才的，就是说要培养普通劳动者。

金耀基：这个我不能认同，应该是白领吧。蓝领也需要有相当的知识，蓝领已经不是原来的蓝领了。现在我们越来越了解，今天是知识经济，是一个知识社会，没有一些真正好的知识是难以解决实际问题的。真正的知识从哪里来？不是说完全依靠大学，但是大学是一个主要地方。

马国川：在当前社会，大学已经成为生产知识的最重要的场地。

金耀基：生产知识其实是一个很如实的说法，但是有的人说“生产”听不入耳，所以就说“知识创新”。想想看，现在知识主要来源靠什么？是大学。

马国川：知识生产或者创新的独特性，就要求大学是独立的。

金耀基：要有很高的自主性，同时要有很高的学术自由。

马国川：以前内地一直说，知识来自生产，来自实践，来自科学实验。由于受旧有认识的局限，虽然人们知道大学重要，但是还没有认识到它真正的重要性。

金耀基：这些问题是有的，有些人未必真正了解大学，对中国来讲也是转型社会的现象。

马国川：因为搞市场经济，从计划经济到市场经济的转轨过程中，也出现了大学的功利化。

金耀基：美国同样有毛病，但是中国的问题可能更严重一点。坦白讲，中国的环境最容易产生这种问题。所以，大学里面要有一些规定，用比较特殊的方法来解决，尽量留住人才。人才保留住了，他本身也可以创业。

例如，一些专业，像法律，是不是可以兼做律师呢？可以啊。大学医学院的教授是不是可以去行医呢？完全不让行医，也许是浪费人才，可是最主要的问题还是要在医学技术和理论方面有创新，所以全世界每个大学都在想办法提高医学院教授的待遇。比如说像中文大学，医学院的教授待遇比其他的学院高很多。这是没办法的。真正的方法是人尽其才，西方完全照市场办法做，我们的方法还是不够精致。

大学关系到整个中国的发展

马国川：中文大学在世界大学里处于一种什么样的水平？

金耀基：世界上很多人在做排名。假如世界上没有一个全球性的学术论题的话，是不能排名的，不一样怎么排？就是因为相似性越来越高，在这个意义上讲是可以排名的。在过去的十年、二十年里，英国的《泰晤士报》每年都要做一个调查，连续几年，香港中文大学都排在全世界前五十名里。

马国川：那是相当了不得的。

金耀基：全世界大学有2.5万—3万所，《泰晤士报》的大学排名，包括香港中文大学在内的香港的三间大学排在前50名里。大概我们还没有到那个水准，也许一些评论的指标对我们有利。它用的指标很粗糙，判断不是那么严谨，所以不用太重视。但是不管怎么说，在过去的30年当中，香港的大学有相当水准，我们真的是可以排在世界的前列。

马国川：香港的大学实际上用了很短的时间就走到了世界大学前列去了。这对内地高校的发展应该说是很有启发的。

金耀基：对于内地大学，你比较容易看到负面的地方，我可能更多地看到它进步的地方。我觉得中国大学里有七八所已经很有水准了。这是无可置疑的，中国有13亿人口，多少青年学者都奔向这七八所学校呢，能差到哪里去？不可能的。但是问题都很大。我想恐怕还要再进一步优化，这有一个过程。

马国川：香港的大学建立了比较成熟的现代大学制度，反观内地大学总是不如人意。大家都有一种焦虑，可能是转型期间的焦虑，总觉得问题很大很大。

金耀基：香港的大学，包括美国的大学，不是说没有缺点，缺点也有很多。中国在大发展中出现一些困难、困境更可以理解，有些是因为发展而出现的问题，有一些是不发展出现的问题。

有一位法国的著名组织学研究权威米歇尔，是我的朋友，他到香港来，特别问我：中国在这段时间发展那么快，它的管理人才、技术人才哪里来的？中国在大发展中变成世界工厂了，需要不同层次的人才，完全靠外国可能吗？不可能。完全靠海归派吗？更不可能！所以严格讲起来，内地大学在过去的二三十年中已经提供了非常重要的科技管理人才，所以才能写成中国故事。这不是一个简单的事情。有一些西方人观察到现在中国培养的科技人才比美国多几倍，这些话对不对？没有错，但是以后真正要考虑的是科技人才的创造性，能不能有高度的科学技术的修养。说实在话，中国现在的工业还是比较低层次的。世界上没有一个现成的大学模式最好，但是有一些运作好的制度值得借鉴。

马国川：一些制度是有共性的。

金耀基：对，今天已经运行着的大学制度，有很多东西实际上有很大的共性，是可以通用的。我总觉得，大学对整个中国的发展有非常密切的关系，从今天大学的情形差不多就可以看到未来30年以后中国整个社会的情形。没有突然一下变化的，这不可能的。不是说中国所有的东西都靠大学，但是大学在其中确实发挥着非常重要的作用。

马国川：正是因为这些，大家对现在的大学怨言非常多，比如说大学的学术造假、学术腐败等现象，令人痛心疾首。

金耀基：这些是害群之马。当然，如果这类现象出现得多的话，就不能说是害群之马了，这就是某些制度上的欠缺，大家要真正去思考一些问题，要优化制度，去弊存优。

原载《经济观察报》2009年5月18日，收入本书时有修订

采访手记 真正的绅士

我一直对绅士心存敬仰，但是遗憾的是，我在国内极少见到绅士。虽然我也曾经见到过个别手持大烟斗、一副绅士做派的学者，但也仅仅是绅士做派而已，更多的像是在演戏，其气质依然粗俗。

2009年4月份，我终于第一次见到了一位真正的绅士。在《读书》杂志和博源基金会在北京联合召开的一次座谈会上，一位老人坐在我的旁边，他风度儒雅，气质高贵，手中一柄硕大的烟斗更增添了他的庄重气度。在主持人介绍后我才得知，这就是大名鼎鼎的金耀基先生。虽然是第一次谋面，但是早就对他的传奇经历有所了解。

在大动荡的1949年，无数大陆人涌入台湾岛，其中就有父母挈领下的金耀基，当年他才14岁。四年后，金耀基考取台湾大学法律系，毕业后又到政治大学政治研究所转念政治，这里有台湾第一流的学者，其中就包括一代奇人王云五先生。王云五自学成才，是民国著名的出版家，也曾出任国民政府要职。在政治大学，金耀基与王云五先生结下了深厚的友谊，王云五先生一度要他留下来帮助主持商务印书馆的工作，但是金耀基婉言谢绝了。金耀基飞赴美国，在匹兹堡大学攻读社会学。

从美国回来后，金耀基在政治大学教书，又在商务印书馆兼任编辑工作，王云五先生做商务印书馆总编辑，他是副总编辑。1966年出版的《从传统到现代》成为金耀基的成名之作，这是第一本系统地谈中国现代化问题的书。当时，上至博士，下至优秀的高中生，假如要谈文化的事情，不看这本书是不可能的。1970年，金耀基到香港中文大学执教，后来担任了香港中文大学新亚书院院长。此后，他担任香港中文大学副校长、校长长达15年，直到2004年荣休。

金耀基参与了香港中文大学每一个阶段的发展，他的研究、教学、行政都与大学有关。金耀基对大学之为大学深有研究，1983年出版《大学之理念》在台湾引起回响与共鸣，并对台湾的大学改革运动产生了影响。

在座谈会上，金耀基对中国社会转型的见解赢得了众人的共鸣。非常遗憾的是，我没有随身携带相机，因为金耀基先生每一次发言时的神态举止都值得拍摄下来。座谈会结束后，我来到他下榻的宾馆，就大学问题对他进行采访。他说："有人说，21世纪是中国世纪，但如果没有50—100所一流大学的话，这是痴人说梦。欧洲和美国的发展，都跟这有关系。美国的大学是在二战以后发展起来的。我相信以后中国好的大学会越来越多，这也跟中国的现代转向有很大关系。"

临别之际，金先生给我赠送了他的名作《敦煌语丝》。归来捧读，深为他的才情所感动。例如他写杭州，"在西湖，举目所读之景，莫非一篇篇上佳小品；漫步苏堤白堤之上，更像是踏在一首首千古传诵的诗篇上了"，堪称散文中的上品。

很遗憾，此后10年间，我再也没见过金先生，但是仍然保持联系。2013年我筹备周有光先生茶寿（108岁）座谈会，请金先生为活动题词。他欣然俯允，很快就寄来手书"厚德唯馨，积学有光"八字。字体优雅，独具风格。从此我才知道，他还是一位有成就的书法家。更令我感到意外的是，他同时赠我一幅墨宝，系抄录辛弃疾的名作《青玉案·元夕》，我视若珍宝，专门到荣宝斋装裱，珍藏至今。第二年，牛津大学出版社（香港）出版了他的四卷本著作，金先生嘱出版社给我寄来一套。内容厚重，装帧精美，我摆放在书架的显眼位置，颇为骄傲。

记得2017年因公到香港出差，想去拜访，不巧他陪夫人去日本看樱花了。不过我并不遗憾，反而羡慕金先生的生活情趣。

从为学为人，到生活情趣，我在金先生身上看到了一个真正的绅士形象。

郭 位

大学的“心件”被很多人忽视了

简介：

郭位，1951年生，香港城市大学校长，美国国家工程院院士，台湾“中央研究院”院士，中国工程院外籍院士。著有《心件：大学校长说教育》。

“大学之优异与否，不在大小，不在名称，而在有无品质，有无特色，”香港城市大校长郭位说，“一所大学要有办学宗旨，在有限的资源下，切忌盲目跟风，要先为大学定位，作出战略性规划。”

郭位在电子系统与核能可靠度设计研究方面享有盛名，2000年当选美国国家工程院院士，是当时最年轻的华裔院士，之后他又获选为台湾“中央研究院”院士及中国工程院外籍院士。

郭位曾在美国多所大学任教，2008年出任香港城市大学校长。他首开先河，以科学实证的方法剖析教学与研究的关系，赢得许多称誉，并受邀在世界50余所大学讲授教学研究成果。最近，他的论著《心件：大学校长说教育》由中信出版社出版。

郭位在香港城市大学校长办公室接受笔者专访，畅谈他对大陆和台湾、香港高等教育的观察和思考。

这位校长很有魅力，谦和幽默，见解独到，发人深思。在他看来，港台和大陆的高等院校仍处于国际化的起步阶段，“行政复杂，牵制太多，信任太少”。

郭位建议，港台和大陆的高教界“有必要汲取先进文明的精髓，了解世界多样性的文化，调整方针，把握契机，借由高等教育再造中华文化，营造特色品牌”。

“是应该我迎接大官，还是大官迎接我？”

马国川：对于公立大学的管理者来说，一个重要的工作是处理好与行政机关的关系。在内地，政府对大学的管理非常具体细致，大学啧有烦言。在您看来，台湾、香港的大学是否也存在类似问题？

郭位：香港、台湾也有这种现象。简单地说，港台和大陆的高教界，行政复杂，牵制太多，信任太少，乃文化使然。我曾总结三地大学的特点：香港高智商低创新，台湾有资金欠经营，大陆多人力缺人才。仔细看来，这些缺憾有文化上的共同性。

马国川：是哪些文化共同性呢？

郭位：其一，外行拟定高教政策。表面上，看不出高教有什么学问，所以，有影响力的人就像是计程车司机一样，容易自以为是，喜就高教事务高谈阔论。事实上，高教代表一种文化，需要身历其境，才能有所作为，即使有些教研经验的人，也切勿随意插手。打个比方，生病看医生，还是问邻居，其理易明。

其二，政治掺和高教。官与学本质不同，本该各行其是，两岸的高教界历来像野菜掺和着野草一样，总是在官、学之间纠缠得难分难解。

其三，大学自主性不足。两岸大学的学术行政也受法规或者情绪化社会的牵制。北美的大学，自主性强，学术归学术，校友、媒体、校董、议会、政府官员不会指挥大学的学术行政，也不至于干扰大学的教研学程。但是在两岸，有人假社会公民之名，跳过大学专业的判断或执行方式，动辄对高教说长道短。

马国川：是不是由于您在西方受教育的时间长，又先后在中国台湾地区、中国香港地区和美国等地的大学任教，对比非常鲜明，所以对不同文化的感触非常深？

郭位：是这样的。美国政府对大学只管大事，不管小事。大事主要是资金和法律。在美国，只要法律没有禁止的，都可以做；在中国，法律没有规定的，都不能做。美国政府官员不随便到校。不是不允许，是根本不会来。

马国川：前些年大陆高校进行评估，教育部的一个处长到大学里面去，大学校长也要去迎接。

郭位：香港、台湾都一样的，能够当官就觉得了不起，亲戚朋友也高兴，这也是文化。

应该把官和学分开，不要找大学里面的老师去当官。我常常跟年轻的教授讲，既然确定要当教授，你就专心当教授；如果你不确定的话，就不要来。愿意当官是到外面，不是学校。学校里面的行政职务还可以，因为校务毕竟需要有人负责和服务。

马国川：现在中国经济处于转型期，政府希望创新作为经济发展的新动力，因此鼓励创新，许多大学里也开设创新课。在您看来，中国的创新前景如何？

郭位：美国强调创新，也有制衡，但是约束比较小。中国传统文化重共性、随大流，不鼓励竞争冒尖。给一个标准，你一定要这样做，脱离出来是不可以的。香港、台湾也是一样。如果不解决文化问题，要创新是很难的。所以，对于中国创新的前景，我是持观望立场的。

举一个例子。假如你的小孩在名牌大学读经济系，读了半个学期，打电话给你，说他不想读了，要去开计程车。你的反应怎么样？

马国川：我当然反对，很多家长也会反对。

郭位：如果孩子真的如此，我相信，中国没有一个家长赞成。我给你那么大的希望，你怎么开计程车？可是，一位美国家长就同意了。你知道这个要去开计程车的人是谁？就是今天优步公司（UBER）的创始人特拉维斯·卡兰尼克（Travis Kalanick），现在是美国第二富豪。美国还有很多类似的例子。

在重共性、随大流的文化里，创新可能吗？我们可以守成，吃口饭没问题，但是创新很难。我们的大学也是这样。中国大学一个学期21个星期，在美国只有12个星期，而且经常放假，学生们的自由时间非常多。为什么美国大学有那么多创新？这就是秘密。自由是创新的前提。

“让教研归教研，学术归学术”

马国川：我们经常听到教育界人士感叹，为什么今天找不到蔡元培、傅斯年那样清高、开放的校长？在他们的眼中，人心不古，大学风华不在。

郭位：坦率地说，这些都是不着边际的讲法，是由于没有专业系统评鉴而产生的假象，经不起考验。难道大家真想知道蔡元培、傅斯年当年是怎样带领北大、台大的吗？以50年前甚至百年前治校的方法，面对今天的环境，有可能立足吗？只有自由，没有专业表现，算是大学吗？可以空讲教条，而不理会世界的脉搏吗？

今天的大学需要募款以补经费的不足，重教研、保质量，更新学程、促进交流以达国际化，面对沟通、争取奖助学金的诉求，帮助学生毕业后就业，创新创业等，这些都超出民国时期大学的想象。当然，我们也很难想象当时的校长采用今天的治校态度处理当年北大、清华的问题。

马国川：民国的大学很像象牙塔，不像现在的大学饱受繁杂的外务干扰。

郭位：民国的大学校长把中国人的智慧摆放在象牙塔里，远离杂务。所以，那时的大学，抽象、孤芳自赏、自说自话的时候多。今天的大学具体，透明度高，专业性强，检验度重，不能同日而语。

马国川：不过，在有些问题上似乎也有共同性，例如大学自治、学术自由。现在不少教育界人士主张，大学为了保持自己的独立性，应该像清华大学老校长梅贻琦那样“教授治校”。

郭位：台湾现在搞的就是“教授治校”，通过投票来治校，乱七八糟。教授不能治校，也没有时间。正确的讲法是“专业治校，教授治理学务”。我们常常把校务和学务混在一起。什么叫学务？就是学生该修什么课、该做什么研究、如何评定学生成绩，这是教授管的。至于教师聘任、教授加薪、系馆建设等事务性工作，教授不可能做到。在美国也是如此。

至于学术自由，是大学的核心理念，不因时代变迁而更替。学术自由是追求真理、创造知识与创新的土壤。按照爱因斯坦的话说：

“学术自由就是探求真理，以及发表和传授认知真理的权利。”

马国川：那么，怎么理解大学自治呢？

郭位：大学自治的精髓可以归纳为：在体制之下，尊重专业管理，修补高教文化上的缺失，让教研归教研，学术归学术。从策略上看，引入良性竞争机制，为高等教育注入动力；也唯有如此，才能真正贡献社会。

马国川：您所说的“体制之下”，是什么样的体制呢？

郭位：高教法规须松绑，由各大学自主决定包括财政经费、招生教学的运作细节。政府负责总量管制，拟定国家社会发展的原则，指出科研、教学或推广的方向以及订出相应的奖励机制。政府在制定政策之后，应该放手让各级学校在自由市场机制下自行发挥。假如坚持微观管理，违反现代经营管理的原则，成效必微。

美国并没有全国统一的高教体制，联邦政府通过战略性发展项目，为在竞争中表现出色的大学提供资助，于是大学在学术自由、独立于政治干扰的环境下，得以从事有前景的教学科研。这种做法值得学习借鉴。

马国川：现在内地的许多大学都说自己经费紧张，缺钱，产、学、研没有形成良好结合，大学主要仰仗政府拨款。

郭位：欧美产、学、研成果丰硕，主要得自企业界对大学投入大量资助，因此大学的回馈较多，大学与业界构成了一个良性的合作伙伴关系。高品质的高教昂贵，但是美国州立大学受州政府的资助只占年度预算的10%—20%，其差额则有赖学费、科研经费、募款所得等支付。业界经过各种渠道支持科研与教学，是美国高等教育贡献社会的功臣。

两岸的大学在与业界合作方面，大抵乏善可陈。少了业界投入，不要怪大学不能即时提供所需的人力资源，教研不合一，产业不会有希望。

“大学的‘心件’被很多人忽视了”

马国川：现在内地有很多大学都搞世界一流大学，就像跑道上的赛马，大家都在使劲挥鞭，说到×××年要成为世界一流，目标非常远大。我不知道您怎么理解“一流大学”？

郭位：许多大学搞不清什么是世界一流。本来，每一个大学都应该是世界一流的。每一个大学都想办成最好的，最好就是一流。

办大学有三个条件：硬件、软件和心件。大学的硬件就是与设备相关的物件，包括先进的图书资料、仪器设备等。这要求必须有充足的教研经费，因为现在的教研设施很贵。没有钱，圣人也干不了什么事。其实在梅贻琦时代，金钱也很重要，清华也很有钱。现在办大学没有钱是不可能的。

但是，除了硬件，还要有软件。大学的软件，就是与人事、行政制度、教育政策等相关的事务，包括建立与国际接轨的规章制度，以执行大学教研与行政事务。

马国川：“心件”是一个很新鲜的提法，什么是“心件”呢？

郭位：大学的硬、软件终究要靠人运作和沟通协调。运用之妙存乎一心，所以领导者的见解，社会的进取心，校园内各部门、阶层同人的心态，可说是大学国际化不可忽视的要件，我把它们称之为“心件”。

港、台、大陆的大学在硬、软件上大体追上了国际标准，因此在国际评比上有些进展。然则在“心件”上却阻力横生，尚难以与硬、软件的进步相提并论。

马国川：确如您所说，内地许多大学的硬件很好，新校园占地广阔、绿树成荫、硬件充足。有些人认为，只要建起大楼来，校园阔气豪华，就可以办成一流大学。每一个校园都大得不得了。

郭位：我觉得不是好事情。有些大学教授的办公室也很阔气，甚至配有卫生间，没有必要啊。为什么差距还很大？是软件和“心件”上不足。

制度建设，不要事事都管，管那么多干什么？更重要的是，“心件”被很多人忽视了。“心件”是好的心态、好的态度、好的现代思维。该怎么做要有眼光，眼光有时候是学不来的。

马国川：现在大学的“心件”缺失严重。例如，现在很多大学搞综合性大学，他们认为综合大学是走向世界一流大学的必由之路。

郭位：台湾也是这样，香港也都把学校拔高为“大学”。这个思路莫名其妙，因为“心件”不对。像我们香港城市大学，最早叫香港城市理工学院，不是很好吗？为什么一定要改为大学呢？大学之优异与否，不在大小，不在名称，而在有无品质，有无特色。

加州理工学院可以说是一个极佳的例子。该校师资仅270人左右，学生人数也不过2100多名，没有“大学”的名称，也不看重一般中国人心目中的通识教育，在众人追求“大而全”的当下，好像犯了大忌，然而无损其学术声誉。法国巴黎高等师范学校也无大学之名，其规模较加州理工学院更小，但声誉堪称世界顶尖。谁敢说它们不是一流大学？

贪大求全，这是中国人的习惯。追求综合型大学，是一种观念在作怪。

马国川：如果一定要建设综合型大学，反而离一流大学会越来越远。

郭位：对，因为一所大学只有在某几个专业上可能走到世界前沿，不可能在整个水平上都是世界一流。大学大小不重要，历史长短不重要，校园宽窄不重要，校名校徽的陈列不重要，甚至名字里有没有“大学”两个字一点也不重要。大学的学术自由氛围更重要，教研的品质更重要。

世界上其实有四种大学：一是综合型的大学，学科完整，加州大学柏克利分校是很好的代表；二是以专业学科为主的专业型大学，强调专业教育，与社会紧密结合，学以致用，麻省理工学院为其中翘楚；三是人文学科专长的四年制大学，重博雅教育，美国的普林斯顿大学及达特茅斯学院算是典型代表；四是专科大学，此类大学多为单一术科，其出众者，深入研究，以舞蹈、戏剧与音乐为主的纽约茱莉亚学院就是一个例子。

无论是哪一类大学，学术水准的高低无关学校的规模和名称，一所大学要有办学宗旨，在有限的资源下，切忌盲目跟风，要先为大学定位，作出战略性规划。

马国川：那么，香港城市大学的定位是什么？

郭位：我们以“大隐隐于市，学研研出尘”为努力目标，定位为专业大学，务求以学生为主，创新为本，厉行校政革新。

总之，全球的高等学府为了应对国际化带来的冲击，绘制了各具特色的发展蓝图。港台和大陆的高等院校，仍处于国际化的起步阶段，有必要汲取先进文明的精髓，了解世界多样性的文化，调整方针，把握契机，借由高等教育再造中华文化，营造特色品牌。

原载《财经》2016年第52期，收入本书时有修订

采访手记 “该做什么就自己做”

没有想到，郭位先生竟然听出了我的口音。“你讲话有点儿河北腔调”，郭校长笑着说。

我在采访之前就了解到，郭位先生祖籍是河北沧州，但是出生在台湾。也可能是他从小就听家人用河北家乡话交流?

郭位校长继续问道：“听你讲话有点儿像河南口音？”这让我更感意外。确实，我的家乡在冀南平原上，距离河南不远，乡间流行的就是河南豫剧。但是一个科学家，怎么对语言这么熟悉呢?

作为一个科学家，郭位先生学术成就卓越，得奖无数。他对语言如此熟悉，可能得益于语言天赋，或是个人兴趣使然。

我曾有幸认识多位香港的大学校长，发现他们都是多才多艺的跨界人才。例如，香港中文大学原校长金耀基先生，本身是一位卓越的社会学家，同时在传统文化方面造诣深厚，书法独成一体；郭位校长的前任、香港城市大学原校长张信刚先生是世界知名的生物医学工程专家，而又深研文史，所著《大中东纪行》等书畅销海内。虽然我和郭位先生只是首次见面，但初谈之下，我就认定他肯定也是一个跨界人才。我虽然对这些话题有兴趣，但是由于时间有限，我们没有就这个话题继续交流，而是转向了教育话题。

郭位先生毕业于台湾清华大学，因此我们自然而然地谈到了梅贻琦。这位民国的著名教育家曾长期担任清华大学校长，后来到台湾，又用清华基金会利息建起了台湾清华大学。因此，他被称为“两岸清华校长”，备受清华校友推崇。“我为什么怀念梅贻琦？他是一个好校长，”郭位说，“不过，梅校长当年提倡的‘教授治校’现在不行了，现在大学的规模和专业性已经高度发达了。”

作为多年在大学工作的人士，郭位先生对现代大学制度有深刻认识。他在美国获得工业工程博士学位，曾先后在美国多所大学任教，并担任管理工作。郭先生淡淡地说：“我当教授的时候他们就让我做行政，他们说我平常讲话有点道理。都是机缘。”2008年5月，57岁的郭位出任香港城市大学校长。他以社会需要及问题导向研究为本推动大学教育，广受尊崇。

香港城市大学校园狭小，占地不足300亩，而且历史短暂，建校史只有30多年。可是，这所新兴大学竟然在多个世界大学排行榜上名列前茅，排在内地诸多名校之前，足以让许多自诩百年学府、争当“世界一流”的大学汗颜。

郭位先生也关注到内地大学的现状。在他看来，内地大学发展迅速，在硬件、软件上已基本达到国际标准，但至今仍很难号称有世界一流大学。究其原因，在于“心件”上的缺陷。“所谓‘心件’，就是一种心态、一种专业精神、一种行为习惯和思维模式，一种需要一段时间去学习、沉淀的教育者气质，是大学教育发展不可或缺的要件。”

媒体传闻，郭位先生可能出任台湾的“中央研究院”院长，他笑称这是“飞下来的横祸”。他说：“人本来就有很多机缘。该做什么就自己做，就可以了。”这种“该做什么就自己做”的精神，不就是他提倡的“心件”吗？

一个多小时的采访结束了。郭位先生将新著《心件：大学校长谈教育》签名赠我，并送我到电梯旁。他身材高大，温文谦和，在电梯门关闭的瞬间，他还在向我招手道别。

数日后，我在媒体上看到这样的新闻——

> 昨晚深夜，台“中研院”候选人之一的香港城市大学校长郭位发出公开信，要求退出遴选，对此包含曾志朗、陈力俊等评议委员皆认为，可以发挥“正面效果”，借此让台湾学术界和院士都学到教训，有所警惕，让学术和政治保持超然中立，和政治划线。

朱清时

大学的灵魂是追求卓越而不是权力

简介：

朱清时，1946年生，著名化学家，曾任中国科学技术大学校长（1998—2008）、南方科技大学校长（2009—2014），中国科学院院士、第三世界科学院院士。主编《现代大学校长文丛》。

现在学术界的创新能力在萎缩

马国川：看简历，您长期在中国科学院从事科学研究，直到1994年才到大学工作。

朱清时：我过去是做科研的，1994年调到中国科技大学才开始搞教育，先后做研究生院院长、副校长，1998年开始做校长，做了十年。在中国科技大学的十几年里，我一直在思考教育改革。

马国川：为什么会想到要搞教育改革呢？

朱清时：现在回头看，我的认识经过了三个阶段。刚当研究生院院长的时候，发现教育现状不理想。我认为我们的课程体系不行，内容太陈旧，教材不好，老师讲得也不是太好。我在国外的大学做过访问学者，知道国外大学的教材写得很精彩，学生都很爱读，而且教材更新很快，知识组织得也很好。相比之下，我们严重落后。所以我在中科大做的第一件大事，就是到全世界各地去调查，回来编写新教材，进行教学改革。

马国川：效果如何？

朱清时：开始还行，后来推进不下去了。因为我发现，不是教材的问题，教材是表面的现象，是技术问题，还有更深层次的问题。是什么呢？就是应试教育。不管是高等教育还是中等教育，都是灌输式教育，把学生当做是灌输的对象，不重视学生内在能力的培养。

马国川：应试教育属于教育体系、教育思想问题，就是怎么培养人的问题。

朱清时：于是我做校长以后，就努力改革这个问题。做了很多试验，也做了很多工作，最近两三年我发现，这也不是根本问题。

马国川：认识越来越深入了。

朱清时：对。为什么不是根本问题？我们要做的改革，包括培养创新能力、推行素质教育，想了很多办法，喊了那么多年，没有效果。而国外的一些著名大学，包括麻省理工学院、哈佛大学、剑桥大学从来不提这些口号，但是他们培养出来的学生就是很有创新能力。于是我认识到，有一个更深层次的机制和体制在起作用。2008年我卸任校长以后，角色换了，想回到教学和科研生活中去。这时发现，学术气氛显著变化，老师和学生们的创新能力都在明显地萎缩。我记得，在我从事学校行政工作之前，也就是在90年代前期，学术杂志还是很有内容的，人们都认真阅读，读了都有收获。现在杂志比以前多多了，可是很少有人读了，即使读了也没有什么收获，因为极少有具原创性的学术论文，多数是水分太多。也就是说，现在学术界制造出来的大量出版物由于缺乏内涵，没有读者，不仅浪费了大量人力物力，而且还污染了环境。

马国川：这是很让人痛心的。

朱清时：这说明我们的学术在萎缩。我还发现，教授、研究生包括本科生对学术交流的兴趣都淡漠了。没有交流，新思想就不会有发展。我在年轻时代，特别是在国外的时候，学术界最大的特点就是酷爱交流，在国际会议上主动和不认识的人交流，汲取别人的新思想。而现在呢，学术活动虽然多了，多数都是讲排场，都是请一些大腕做大报告，没有什么年轻人。不是因为大腕们有什么真知灼见，而是因为他们身份地位高。大家并不在意交流新思想，而是崇拜权力和地位，这是对学术的伤害。至于年轻人之间的学术交流也没有了，一方面是大家对新思想的追求已经没有劲头了，另一方面即使有了新思想都要保密，害怕别人“抄袭”，自己埋头苦干，期待一鸣惊人。闭门钻研者往往一事无成，因为所有的原创思想都需要在交流当中不断磨砺才行。这些现实让我深感现在学术界的创新能力不仅没有进步，而且在退步，在萎缩。这是为什么？

根源是教育体制行政化

马国川：您思考的答案是什么？

朱清时：答案就是我们的教育体制行政化。教育体制行政化的含义，就是把学术机构当成行政机构来管理。书记校长都是上面任命的官员，下级服从上级，谁的官大就听谁的。作为学术机构，大学的灵魂是什么？就是学术至上，追求卓越。

马国川：是学术至上，而不是权力至上。

朱清时：只有追求学术至上，大学才能成其为大学，如果权力至上，大学和衙门有什么区别呢？！在行政化的大学里，追求学术卓越的人地位卑微，于是大家不去竞争谁学术做得好，而是看谁的权大位高。位高权重之后，包括教授职称、学术资源、学术经费、生活条件等等，什么都来了，何乐而不为？

马国川：变成了“权力通吃”。

朱清时：大学教授们没有话语权，只能去迎合权力，或者主动去做官。特别是最近这十多年，大学行政化越来越严重，学术精神萎缩得很快。十多年前，给教授一个行政职务，他还会犹豫，怕耽误了学术。现在呢，一个副处长、处长的职位都会有好多教授去竞争。大家追求什么？崇尚什么？这直接影响到人们的能力往什么方向发展。所以我现在才认识到，课程改革、素质教育其实都是浅表层次的问题，真正的问题是体制问题。在行政化的教育体制下，大学里追求卓越的风气变成了追求官位，崇尚学术变成了崇尚权力，权力变成学校运转的中心了。在改革开放之前，我国农业的问题与现在教育的问题很相似，那时的农民是高度组织起来的，行政权力干预农业生产，其实是另外一种行政化，结果大家一点积极性都没有了，农业搞得一塌糊涂。包产到户实际上就是“去行政化”，行政权力不再干预农民，农民自己来决定种什么、怎么种，农业就恢复了生机。工商业也是一样，50年代为了巩固政权而实行公私合营，但是改革开放的时候发现这样做不行了，于是进行经济体制改革，各种所有制都可以搞，就是要焕发人们的创新能力。工农业的这些改革使我国的经济大发展。

马国川：唯独教育没有改。

朱清时：因为教育没有改，教育的现状跟农村改革之前的农业一样，没有效率，没有创造性。中国教育面临的根本问题是体制改革，是去行政化，把学校的文化和风气扭转回到原本状态。大学是一个学术机构，整个机制应该让所有人去崇尚学术卓越，哪怕是个很年轻的小孩，如果他的思想很超前，所有人就崇拜他。就像陈景润，当时他的地位虽然很低，可是他的数学天才让所有的人都尊重他。70年代中国出了一些人才，包括杨乐、张广厚、陈景润。现在的教育规模比过去大多了，人民教育程度比过去高多了，反而没有这种杰出人才，更没有解放前培养的钱三强、邓稼先、杨振宁、李政道那样的科学大师了。2000年创办的国家最高科技奖，到现在得奖的一共14人，其中有11个是1951年前毕业的。不是我们的人不行，不是我们的经费不行，甚至也不是我们的课程体系不行，我们的教授跟国外教授智商一样高，一样能干，但是在不恰当的体制下教授发挥不了聪明才智，就像过去农民发挥不了作用一样。

“教育的最大问题就是所有人都以为自己懂教育”

马国川：用历史的眼光来看，现在的教育界有些像改革开放前的农村。

朱清时：对啊，还是行政化主导一切，行政化指挥一切，所以没有活力。我们现在的教育体制，还是20世纪50年代向苏联学习的，一直没有彻底改造过，这些年所做的主要还是修修补补的工作。对教育体制的改革，不能仅仅做些表面的修补。一种运行了50多年的教育体制，是该到变革的时候了！现在我们这代人应该来考虑教育改革的历史使命了。大家不要再纠缠于那些细枝末节的问题了，而是应该好好想想，怎么把学校重新恢复成学术机构，让学者都去追求学术卓越，而不是追求行政晋升；崇尚真理，而不是崇尚权力。

马国川：要做到这一点，关键在于去行政化。

朱清时：去行政化，让大学重新恢复大学的本来面目。大学精神最根本的就是追求卓越，追求卓越必须要有学术自由。如何保障学术自由？需要摆脱行政化干预。还有一条，就是学者自律，学者一定要严格遵守科学道德规范，有严格的自律精神，即使有人想弄虚作假，最终也是极少数。总结起来，就是追求卓越、学术自由、学者自律。三者都是有内在联系的。比如，因为不是追求卓越，现在的学者自律性差，出了那么多学术道德问题，有谁被认真处分过？有哪一个像韩国的造假科学家黄禹锡那样因此而获刑？

马国川：去行政化后，必然出现的问题就是学校应该怎么运作，这就需要……

朱清时：大学自治。大学被行政化，最重要的原因就是外界行政权力干预学校，症结在于大学的领导干部任命制度。所以，大学要自治，关键就是权力不要干预，让大学作为学术共同体进行自治。从欧洲大学的成长历程来看，一部大学的历史就是大学自治的历史。

马国川：但是，在中国不要权力干预很难，因为大学是政府出资办的。

朱清时：和其他领域不同，教育的最大问题就是所有人都以为自己懂教育，都有一套理论和想法，谁都想干预，许多人是出于好心来干预，只要一干预就完了。

马国川：这是一个难题，如何找到一个机制，上级权力进行资助，但是又不干预大学。

朱清时：我们现在就是要设计这种办法，一个切入点就是制订大学章程。其实，《中华人民共和国高等教育法》里头有明确规定，所有大学都要有章程。但是高教法的许多规定都没有落实，因为它没有规定对违法的惩罚，没有惩罚就没有约束力，谁都敢去破坏它。比如，高教法明确规定“大学要独立办学”，谁做到了？高教法明确规定大学必须有章程，中国有几所大学有章程？据说清华大学都没有章程。即使个别学校有章程，也不过是校内自己编写的规章制度，没有法律地位，没有处罚措施，随意性强，甚至校长、书记都可以随时修改，谈何约束力？即使有，也变成毫无意义的空条文了。我认为，中国高校要办学独立，第一步就是认真贯彻高教法，每一所大学都要制订章程，不仅规定应该怎么做，而且要规定违反了怎么处罚，让所有的人都对学校章程心存敬畏。

马国川：实际上这个章程就是大学的宪法，可以管一两百年，就像美国宪法一样，基本上不会有什么修改。

朱清时：也可以修改，但是要有相当完善的程序制约。要真正办学独立，首先是把章程写好。可是我不知道，谁认真研究过章程怎么写。我们筹办南方科技大学，首先就是认认真真制订章程。我到处请专家帮我们来制订章程，而且将由深圳人大会议通过这个章程。深圳是特区，有立法权。这样我们将来就可以依法治校，行政权力在大学章程面前要止步，因为这部章程是有威慑力的，是有惩处力的。

马国川：是“有牙齿的法律”。

朱清时：我们就是先把法律武器树立起来。而且希望给其他大学提供一个样本做参考，学校章程应该这样写，不要把大学章程做成可有可无的东西，更不是哪个领导一拍脑袋就可以修改的。

马国川：实际上，一旦大学形成一个学术自治体，要追求自治的时候，章程的重要性就凸显出来了。

朱清时：要自治必须要有法律依据。在政府出资办学的背景下，大学自治一定要有法律依据，才能保护自治权利。

教授治校

马国川：在有了章程之后，一所大学在内部管理上怎么做呢？

朱清时：作为学术机构，大学内部不应该有任何干部级别，所有的管理者都能上能下。但是行政管理岗位一定要有高报酬，让这些岗位有足够的吸引力，精英愿意来做，但是他们的角色就是严格依照规章来管理，不能用行政化的办法来发号施令。

马国川：跟现在不一样，他们是服务于学术的。

朱清时：他们没有权力支配教授来按照自己的意志办事，而是根据教授们的需要提供相应服务。举个例子，我在国外大学工作期间，开系务会教授们都来了，管理人员都坐在边上一言不发，他们没有发言权，而是由教授们讨论问题，由管理人员给教授们解释、分析，按照规章制度什么可以做，什么不可以做，应该怎么做才好，这才是管理人员的特长。最后，教授们决定了，管理人员去执行。

马国川：看来，管理人员也很重要，他们不是干预教授们想干什么，而是帮教授们把想法与学校章程连接，然后去落实。

朱清时：就是这样的，管理人员和教授们都很重要，但是管理人员不能用自己的行政权力干预教授的决定，更不能凌驾于教授之上。这就叫做“教授治校”。不是说每个教授都发号施令，而是他们集体酝酿出来的思想跟决策成为学校的主导。管理人员为教授服务好，把教授集体的意志落实下去，变成学校的意志。

马国川：一句话，学校章程是一所大学的“宪法”，所有人都在章程之下。

朱清时：这个比喻最恰当，所有人都在章程之下，任何人都不能凌驾于章程之上，不能违法，即使教授们的意见也要受到章程的约束。教授集体讨论协商，变成集体意志，推动学校前进，但是这个意志一定是在章程之下，而且由行政管理人员把意志转化为行动。

马国川：这里有一个问题，校长的角色是什么？

朱清时：第一，校长应该是教授们选出来的，校长不能“空降”。校长遴选过程中间一定要体现教授们的意见，能够代表教授们的意志，这样才能使校长能真正成为教授们的代表。既然是教授们选出来的，就要对教授们负责，如果不对他们负责，教授把有权利罢免、更换校长。这和“空降式校长”完全不同，如果是上边派来的，教授的意见可以不听。这就是两种截然不同的态度。所以，校长一定要代表、反映教授的民意，这是教授治校的决定性环节。当然，具体选举制度设计是很复杂的，比如教授一人一票选也不行，那样往往会选出平庸的老好人，但是不管制度如何设计，关键是校长的遴选要反映教授们的意愿，不能强加于人。第二，校长要善于协商民主。校长不能认为自己就有多了不起，要倾听教授们的声音，校长最主要的角色就是，在学校重大问题上与教授们协商，真正代表教授们的集体意志。所以，教授治校和校长治校不矛盾。梅贻琦说教授开会的时候校长只是端板凳的，但是这一点也不意味着校长就没有权力，实际上并不是每个教授都有权力，教授治校意味着教授们的集体权力被校长代表了。

做教育家也简单

马国川：按照您的说法，校长治校和教授治校是一码事，没有矛盾。

朱清时：“教授治校”必须有一个代表，他就是校长。有些人士提出，大学应该实行“校长治校，教授治学”，这实际上是把校长的权力来源和教授分开了，他们没有意识到，校长执行的仍然是教授的意志。如果把二者分开了，校长治校就变成行政化了。这一点也没有新意，不过是把现在的管理制度以另外一种语言表述出来了。现在不都是这样了吗？所以，“教授治校”与“校长治校”是统一的，因为第一，校长的权力来自教授；第二，校长必须善于理解教授、倾听教授、协商民主、代表教授。“教授治校”意味着教授们集体决定学校大事，校长代表这种集体意志，贯彻这种集体意志。

马国川： 既然校长要善于倾听教授的声音、代表教授的声音，那么在这个意义上，就需要校长是一个真正懂教育的教育家。

朱清时： 校长一定要懂教育，只有懂教育才能理解教授们的意志。所以，派一个同级别的行政干部来当校长，这种做法很不可取，因为人再能干，如果不懂教育（可是往往自以为很懂），会把事情搞糟。

马国川： 中国缺乏的是真正的教育家，因为没有一种合理的体制。

朱清时： 对，选拔体制也培养不出真正的教育家。

马国川： 那么，我们到底需要什么样的教育家？

朱清时： 教育家就要懂得教育的规律，教育的最高规律就是不要以个人意志去干预教育，而要按照教育的客观规律去做。比如，大学最根本的就是要有一个安静环境，让大家集中精力读书、想问题、做学问、搞教学，这样才能够把教学搞好。可是过去十年中国教育界最大的问题就是各个高校都忘记了这个根本，纷纷建校舍、辟新校区、扩招，轰轰烈烈。这只对行政官员有好处，因为这是明显的“政绩”啊。

马国川： 所谓的好大喜功。

朱清时：结果呢，把教育的根本破坏了。如果老师、学生不能安安静静坐下来看书、想问题、做研究、写教案，教育能搞好吗？所以，一个真正的教育家一定要真正了解教育的客观规律，不好大喜功，更不可能搞“形象工程”“政绩工程”。我看了很多地方的大学城，里面都盖得很豪华很漂亮，可是没有教师住在这儿，他们每天要早早地赶班车，慌慌忙忙把课上完，赶着下午的班车回家，单是耽误在路上的时间就有多少？安静不下来，怎么做研究、怎么思考问题？可是似乎很少人认识到，这是违背基本的教育规律的。

马国川：如果总结起来，真正的教育家其实很简单，一是懂教育规律，二是按照教育规律办事。

朱清时：看似简单，要做到不容易。大学校园要安静是常识啊，做到容易吗？大家都去迎合行政领导的政绩需要，一味地多招学生。但是你想想，教师队伍没有明显增加，而学生增加了几倍，教育水平肯定要大大下降。往酒里兑水，就是稀释啊。一个懂教育的人，最重要的就是要维持教育的水平，不被利益诱惑，不被行政领导的意志所左右。可是天下滔滔，能够坚持得住的有几人？中国教育需要一批真正的教育家。教育家不是口头上封的，真正能够懂得教育规律，并且按照教育规律办事的才是真正的教育家。

大学就是仰望星空的

马国川：大学被利益诱惑和左右，是今天教育界的突出现象。那么，怎么理解和处理大学和市场的关系问题呢？

朱清时：大学一定是要高于市场的。大学不能急功近利，急功近利就失去大学的精神了。大学最重要的功能是引领社会文化，大学应该是思想高地，社会前进要靠大学去引领。就像温家宝总理说的那样，大学就是“仰望星空”的。有了仰望星空的人，才能引领文化。所以，大学最高目标是要有超前的意志，要创造新思想、新科学、新技术，绝对不能太急功近利了。我们过去一些年中大学办产业，误区来自对斯坦福大学的误解，斯坦福大学根本没有搞什么产业。有一年我们开“大学校长论坛”，应邀而来的斯坦福校长对国务院主管教育的负责人说，他们斯坦福大学并没有办什么产业，硅谷不是斯坦福大学办的产业，只不过硅谷在斯坦福边上，受到了这种文化思想的影响，大家自然聚集起来，尽管有些创业者是斯坦福的学生，但并不是斯坦福办的。也就是说，大学只是一个思想库，有凝聚力，把那些办产业的人都吸引到它的周边来了，因为这里能够得到新思想的熏陶，大学追求卓越的精神为产业带来了机会。80年代初我在麻省理工学院工作的时候，麻省理工学院有五个教授发明了半导体激光光谱仪，他们联合成立了一个公司进行商业开发，这当然是很赚钱的事了。麻省理工提出，你们五个教授办公司吧，我们为你们保留五年的教授位置，但是所办的公司要和学校完全脱钩，不能与学校之间有利益输送。

马国川：麻省理工学院并没有想到要“分一杯羹”。

朱清时：如果这样，麻省理工就不成其为麻省理工了。它很清楚，大学不能急功近利，技术变成产业很好，但是不能把这种急功近利的心态带到学校里头来。当时哈佛大学有一个人是基因工程的创始人，他要办一个很大的基因公司，希望哈佛能够支持他。哈佛为此召开董事会，尽管大家都知道这个公司有巨大的利益前景，但是他们仍然坚决维护哈佛章程，教授不能经商，哪怕你就是个金娃娃。还有一个好例子，基辛格原来是哈佛教授，后来当了国务卿，他就不能再做哈佛教授了。哈佛认为，当国务卿就要跟学校脱钩，因为当国务卿是搞政治，跟经商一样，和学术没有关系了。

马国川：人家把学术、政治、经济分得很清楚。

朱清时：政治家、企业家都很伟大，对社会贡献很大，但是不能跟学术混淆。学术要跟金钱和权力脱钩，才能保证学术纯洁、学术自由。大学就是追求学术卓越，不能跟金钱挂钩，也不能跟权力挂钩，这样才能保持大学的纯洁。学校纯洁到这种程度，哪怕你是一个小孩子，只要有思想有天才，大家就尊重你。

马国川：也就是说，大学不但要和权力划清边界，也要和市场有一个清晰的界限。这里面包括不允许教授办产业，而现在我们正好相反。

朱清时：所以我不主张大学办产业。学校一定要支持产业发展和经济发展，但不是自己亲自去做，不是自己跑到市场上去。说到底，办企业就是要急功近利，追求利益最大化，而学校的文化和精神应该是面壁十年，清心寡欲，专心把学问做好。这两个是完全矛盾的。学术不能受金钱和权力的干扰，金钱和权力不能引进到学术中来，否则学术必然受到伤害。

希望在于新大学

马国川：现在大学面临各种问题，要突破不容易。

朱清时：中国的大学要成熟起来，要建立现代大学机制。首先，我们要回顾和总结60年来大学的历程。其次，急需像农村改革一样“去行政化”。就像行政权力不能干预农业生产一样，不要靠行政力量安排学校的发展，大学就是让教授们按照教育的规律去办。所以，我觉得中国的高校改革急需要有安徽小岗村那样的试点，要走这一步才能够有真正的现代大学。

马国川：但是要迈出这一步也是很难的。

朱清时：是很难，尤其是老大学要改造很难，有盘根错节的利益和人员包袱，中国又需要社会稳定，所以不希望大学里乱。老大学很少希望，中国需要很多新大学。自然界的规律不就是新陈代谢、吐故纳新吗？工业也一样，美国曾经的“钢铁之都”匹兹堡慢慢没落了，谁都没有想把“钢铁之都”恢复起来；而硅谷这个荒野之地又变成美国的经济热点了，过一段时间硅谷可能也要死掉，又有什么新经济热点冒出来。全世界的大学也是一样，当然有一些几百年的老校，像牛津、剑桥——其实它们在不断地自我更新，但是更多高校在成长，全世界有好多新型大学一下子就变成一流了。

马国川：包括现在香港科技大学，二三十年就成为亚洲的名校。

朱清时：因为新大学没有包袱，完全可以按照新的模式来做。中国也是一样，我看中国的大学改革，将是新大学按照新的体制运作，老大学按照旧机制运作。慢慢地，新大学的水平越来越高，而且新大学走到前面以后，会逼着老大学进行改革更新。当然这个改革过程是很缓慢的，包括现在中国最著名的那所大学，前几年进行改革时，我们都对它鼓掌欢呼，认为是1949年以来大学最重大的改革，可是没有几年就销声匿迹了。

马国川： 现在谁也不提了，反而倒退了。

朱清时： 为什么？因为搞下去校园就不稳定了，为了不乱就不搞了。不可能让老大学死掉，只有几代人慢慢改。所以，希望在于新大学。各个地方其实也都有这种愿望，各个地方都想兴办大学，但是没有认识到新大学可以按照更先进的路子来建，都是重复过去建大学的方法，所以没有太大效果。

马国川： 现在大家对南方科技大学充满期望，特区等非常特殊的多重因素，让它走出一条新路来。

朱清时： 未来的南方科技大学的最大作用，就是让大家看一看，大学原来可以这样办。但是“木秀于林，风必摧之”，我们已经遇到了许多困难，前面还有许多未知的困难险阻，也许我们最后不一定能成功。过分被关注的，反而困难重重。南方科大的最大作用可能是给大家一些启发，引起更多的人进行这种探索，不知道什么地方冒出来的新大学，因为不被注意，反而可能走得更远，甚至成功。

原载《经济观察报》2009年12月21日，收入本书时有修订

采访手记　从希望到遗憾

大学曾经是象牙塔，清高，也清白。大约是高校扩招之后，大学褪去了神秘的光环，仿佛走上了十字街头，成为社会各界都可以指点评议的对象。雪上加霜的是，论文抄袭、校园腐败等新闻不断见诸报端，大学陷入丑闻之中不能自拔。社会的批评和指责没有丝毫效果，反而不断有新的大学丑闻践踏人们的心理底线。于是，人们开始麻木了，更有悲观者断言，“中国的大学已经没有希望了”。

但是在2009年9月，一则与大学有关的新闻却激起了极大的社会反响——

> 南方科技大学(筹)创校校长终于确定。2009年9月10日，中国科学院院士、中国科技大学原校长朱清时，从深圳市代市长王荣手中接过聘书，成为南方科技大学校长，聘期5年。

这则新闻所引发了社会热议，即使一个月后爆发的武汉大学腐败窝案也没有将人们关注的目光吸引开，反而更加刺激了人们对未来的南方科技大学的期望。深圳是一个创造奇迹、实现梦想的地方，这里没有多少历史包袱和传统框架束缚，人们热望这里诞生一所真正的大学，为备受嘲笑与讥讽的中国的大学争一口气。

作为从200多名竞争者中脱颖而出者，朱清时也成为媒体追捧的人物。据悉，与以往高校校长由组织人事部门直接任命的方式不同，南方科技大学校长的选拔是按照国际惯例，借助国际人力咨询机构在全球选择，并通过校长遴选委员会投票后，再由组织人事部门任命。除朱清时外，当时进入猎头公司名单的还有麻省理工学院一位院长和国内几所著名大学的校长或副校长。遴选委员会提名时，朱清时是唯一获得全票的候选人。

朱清时并非是第一次走进公众的视野。在担任中国科技大学校长长达10年的时间里，他因为对高等教育理想的思考与坚持而为公众所熟知。他曾多次呼吁，停掉以行政为主导的高校评估方式，改变高校官样化、行政化。关于高校评估，他曾比喻说："我们都是坐在火车里的人，突然发现火车走错方向了，但是这个时候谁都不敢跳车。"获任南方科技大学校长后，朱清时曾经表示，自己将把创办南方科技大学视为"一生中最重要的工作"，按照教育规律办学，创新机制体制，吸引一流华人学者乃至世界杰出人才加盟。

2009年11月下旬的一天，在深圳迎宾馆的住处，这位63岁的教育家接受了我采访，详细阐述了他对大学的理解和认识。他对未来南方科技大学的谨慎乐观态度，让我想起央视评论员白岩松的一段话："首先我期待的是，未来走进这所大学的所有的学子们将是最大的受益者，如果他们不是受益者，前面说得跟花儿似的，都没有用。第二个，我希望是走进这所大学的教授和老师们会成为受益者，可以把自己的才华在去行政化等因素当中完全地展现出来。第三个，我最大希望的是中国整个高校教育受益，为什么呢？钻进这样的一条'鲶鱼'来，透出了一种改革和'南风窗'的气息，这条'鲶鱼'也会使大家诟病很多的中国的大学教育，发生很多我们期待的积极的变化。"

可以说，这是所有真正关心中国教育的人的共同期待。我当时想，这样的期待会成为现实吗？

倏忽十年过去。朱清时校长在2014年卸任校长，此后很少再谈教育问题。偶尔他走进公众的视野，谈的竟是佛学与科学的关系。他认为佛学与科学相通，而且开玩笑似的说："科学家千辛万苦爬到山顶时，佛学大师已经在此等候多时了！"我对这个问题没有研究，不敢妄言，但为中国失去了一个教育家感到深深的遗憾。

至于各界曾寄予厚望的南方科技大学，也已经"泯然众人矣"。后来，又发生了该校副教授贺建奎进行基因编辑婴儿实验，严重违背学术伦理的新闻。世人在愤怒之余，唯有叹息而已。

章开沅

回归大学主体，回归教育本性

简介：

章开沅，1926年生，著名历史学家、教育家，华中师范大学原校长（1985—1991），著有《章开沅文集》等。

被中断的大学传统

马国川： 从简历看，中华人民共和国成立前您曾经在金陵大学读书。

章开沅： 1946年我进入金陵大学读书。金陵大学是教会大学，很不错的一所大学。那时有一句话“北有燕京，南有金陵”，金陵大学是和北京的燕京大学齐名的。燕京大学培养了一大批新闻和外交人才。金陵大学在农学方面是最棒的，在台湾经济起飞期间，台湾的“农复会”起了那么大的作用，其中很多是金大的校友。

马国川： 金陵大学和燕京大学都是私立大学。

章开沅： 南开大学、东吴大学也是私立大学啊，还有一些教会大学，这些大学办得很成功，对国家的贡献很大。遗憾的是，1949年之后都被国家统一接收。

马国川： 您是金陵大学的肄业生。

章开沅： 我没有毕业就参加了革命，1949年随着南下的大军来到武汉，在中原大学教育学院工作，也就是现在的华中师范大学前身。

不久我就受到了批判。

马国川：为什么？

章开沅：当时办学强调政治思想教育为主，像党校一样办高校，真正的学科建设谈不上，基础理论也谈不上。在一次大会上我把这些意见说出来了，结果被批判为“否定党的教育路线问题”。那是1950年，后来我一直戴着一顶摘不掉的“世界观没改造好”的帽子。

马国川：50年代初期进行大规模的院系调整，您亲历了当时的历史。

章开沅：现在看来，大规模的院系调整问题很大，最主要两个问题。一个就是走苏联的道路，过分专业化，连课程都单一化。再一个问题就是把一些好的教会大学、私立大学完全收编为国有，而且将原有的公立大学也打乱了，包括北大、清华这样的都变成了专业性大学。旧传统完全断掉了，说什么北大传统，北大有什么传统？现在占的是燕京大学的校园，可是燕大连提都不提了。历史断裂了。80年代刘道玉教授在武汉大学搞得那么有声有色，我是非常敬重他的。但是老实说，不稀奇，学分制啊、转系啊等等，哪个是刘道玉自己发明的呢？都是老大学固有的东西，我上大学就是这么过来的。

马国川：遗憾的是历史被人为割裂了。

章开沅：后来我做了大学校长才体会到，历史上那些著名的大学了不起，尤其是那些著名的大学校长们真正了不起。他们当年的办学条件比我们差，困难比我们大，可以利用的资源比我们少；但是却能与众多教职员工同心协力、苦心经营，把学校办得各有特色，并且培养出一批又一批优秀人才，在国内外赢得与日俱增的声望。可以说，他们的生命与学校已经融为一体，而学校的声名正是他们与众多教职员工一起用心血浇灌铸成的。所以，在人们的心目中，一所名校往往与一位或几位校长的名字紧紧联结在一起，如北京大学与蔡元培、清华大学与梅贻琦、南开大学与张伯苓、浙江大学与竺可桢、金陵大学与陈裕光、金陵女子文理学院与吴贻芳等。

我没有参加过一次教育部的大学校长会

马国川：从中华人民共和国成立开始，您一直在华中师大工作，1984年您被任命为华中师大校长。

章开沅：我是被选举出来的。当时进行教育改革，教育部派人来主持选举，不记名投票，实际上是民意测验。

马国川：海选？

章开沅：就是海选。选举完就把票收走了，后来就宣布我得票最多。学校里奇怪，我更奇怪，我当校长是历史的误会，我没有当过副校长，连系主任都没有做过，最大的“官”是教研室主任。我从来不想当校长，连系主任都不想当。我和教育部谈，当校长可以，每周我要有两天的学术研究时间，不然我不干。教育部也答应我了，当然，后来一忙也顾不上了。那时候的经费没有现在这么多，发展不像现在这么快，办学条件很困难的，但是办学的大环境、办学的自主性比现在好得多。当校长六年，我没有参加过教育部一次大学校长会。我说我太忙了，有的时候是书记去，书记不去我派副校长去。那时候教育部也没有哪一个说我对教育部不尊重，像我这样的人还容纳得下来。现在的话，恐怕连一任都做不了。那时大家对教育部有什么意见都可以提，没有太多的忌讳。上面让我干什么，我觉得可以就做，我觉得不可以就让底下的人去应付。

马国川：现在可不行了。教育部开会，校长不敢不去。

章开沅：现在啊，教育部一个司长，甚至一个处长来学校，大学校长都不敢不陪。

“文革”中学校糟蹋得不成样子，可以说是山河破碎、满目疮痍。在湖北省委主持的大会上，有人建议我在会上讲讲打气的话，描绘描绘宏伟的蓝图。我没有准备，不知道说什么好，最后勉强讲了几句，我说“我宁可站着倒下去，也不躺着混下去”。就这两句话打动了学校的很多中层干部，他们说，本来对你没有信心，但这两句话我们听进去了。也有些人觉得章开沅肯定干不好，脾气不好，也没有行政经验。可是我当校长干得挺舒服的，政治我不在行，有好意见我就吸收。我把大家的智慧集中起来形成一个目标，这个目标是看得见、摸得着的，然后一起往前奔。一个校长有多大本事，还是要靠大家的积极性。

马国川：您是以一个学者的姿态而不是官僚姿态来治校的。

章开沅：说不上，我有自知之明。当时我在学校内部讲，华师是“党委领导下副校长负责制”。为什么是副校长负责制？副校长比我能干，他们哪一个都做过很多行政工作，当然由他们负责。校长干什么？我协调他们，集中他们的智慧。

我做校长，与其说我是听上面的，不如说我是听下面的。学生会主席都可以指导我。比如，我们举行大学生艺术节，这是武汉第一个大学生艺术节，大部分工作是研究生会协助校办做的，我没有起什么作用。

马国川：听上面的，还是听下面的？这是一个问题。大学校长到底应该对谁负责？这至今是一个没有解决好的问题。

章开沅：我认为大学校长更应该对学校负责、对学生负责、对老师负责，而不是只对上负责。对学生负责，就要倾听学生的意见，所以我经常到学生食堂与学生一起进餐，与学生聊天。我给学生作报告一般不带讲稿，往往采用对话交流方式，学生虽然听得兴趣盎然，但我自己唯恐口无遮拦而可能给他们以某些误导。

我一直主张“以生为本”，把学生看做教育的根本。教育离开了学生还讲什么呢？我自己从来都认为老师要把自己的位置放正，而把学生放到很重要的位置。一句话，就是相互依存。没有学生就没有老师，说“学生是老师的衣食父母”这句话或许重了，但一定要把学生放到重要的位置上。首先要把学生当作一个人，不是当作一个物。现在讲管理，包括教育部的管理，最大的问题在于用管物的方法来管人，用管物质生产的方法来管教育。教育最重要的是教化，而教育部则是想尽种种办法制定繁琐的制度和指标。我提出过这样的意见，教育部有些人就讲，没有这套指标，我们如何去管理啊？指标是应该有的，但重要的是，指标要合乎人性，而不仅仅是合乎物性。用管理企业的办法，甚至是用生产流水线的办法，来进行学校的管理，这没有不失败的。

我们现在还有大学精神吗?

马国川： 1990年您卸去校长职务，到国外讲学，直到1994年才回国。那时大学有什么变化吗?

章开沅： 我1990年到美国讲学，1994年回国。刚回来还没有到现在这个地步，这十几年发展太快了，变化太大了。20世纪80年代的高教基本上是正常发展的，尽管体制、教学、科研等方面的革新步履艰难。90年代以后，“教育产业化”作为决策开始推行，仿佛高教一经形成规模宏大的支柱产业，就可以财源滚滚，带动国民经济的发展。没有经过任何民主咨询，决策究竟有多少科学性也不得而知。1999年从上而下仓促地敞开“扩招”的大门，加上此前也是从上而下促成的高校大合并，一味追求扩展办学规模的狂热浪潮开始形成了。

马国川： 有些人至今还在辩解，中国社会经济的迅速发展，难道不需要加速高等教育的发展，不需要高等教育向大众教育转型?

章开沅： 当然需要。但是无论从哪方面说，都不能以牺牲整体质量为代价，否则教育即令转化成庞大的产业，也只能沦为高成本、低效益而虚有其表的泡沫经济。不幸的是，高等教育开始进入新一轮“大跃进”，大学成为重灾区。紧接着又是在“跨越”号召下出现弥漫全国的“升级”狂热。中专升为大专，大专升为学院，学院升为大学，其实好多学校根本不具备升级条件。许多正规大学也不安于现有定位，甚至连“教学型与研究型”这样的双重身份都不满足，一定要往“研究型综合大学”蹿升，而已经具有“研究型综合大学”特殊身份的所谓“985”大学，又纷纷向“世界一流”狂奔。真可以说得上如痴如醉，举国癫狂。

大学内部的各系也不安于现有定位，纷纷争先把握这个千载难逢的“升级”良机，于是好多系、所上升为学院，个别系还分身为几个学院。有些研究所也不甘落后，自行提升为牌号甚大的研究院。某些“特大”大学由于下属学院太多，校领导管不过来，又在校、院之间设立“学部”，俨然泱泱大国气派。相形之下，原有许多系、所的地位则江河日下，往往自嘲为无非“教研室”。

马国川：这些似乎都和市场经济有关系，因为这些变化差不多是和中国大搞市场经济同步的。我的问题是，在市场经济条件下，大学教育是否应该以市场为导向？你认为大学教育应该以什么为导向呢？

章开沅：我不是绝对地反对“教育产业化”，只是反对把“教育产业化”作为最高的追求和目标。因为教育不完全是个产业，也不应该完全成为产业。教育在很大程度上还是一种国家事业，是人民的一种权利。我不赞成以“教育产业化”为导向。与其说市场导向，不如说是社会发展的需要，这样可能更好一些。你全拉入市场里去了，没有买的我就不卖，怎么可能这样子呢？教育有很多东西是不经过市场的，比如德育。市场的需要是经常变化的，今年有这样的变化，明年有那样的变化，学校有自己相对的稳定性。一些是社会的基本需要，像这样的基础专业，不管市场需不需要，都是必须要办的。特别是像文史哲这样一些学科，关系着国民素质、民族素质，甚至于民族精神健康的延续。这就不能说市场需要我就办，市场不需要我就不办。即使市场完全不需要，我也要办。

不要把市场需要看作是金律，一切都要跟着市场转。教育要作为先导，不仅是世风的先导，还要作为社会改善的先导。现在就是过分强调了学校服务于市场，服务于社会。但没有想到这个社会是不是就是健全的。学校要参与改造社会，学校还要掌握社会最需要的导向。我总认为，大学不要自己把自己贬低了，变成了市场的附庸、社会的跟班。现在问题就出现在这个地方。

马国川：大学现在很忙，因为学校越办越大，学生越来越多，教师的教学负担也越来越重。特别是年轻教师，为了从助教升为讲师，讲师升为副教授，每年还要达到发表若干论文的所谓“刚性指标”。

章开沅：校、院、所各级领导更忙，因为“扩招”也好“升级”也好，并无足够的财政拨款，还得“自筹”财源弥补经费不足，于是便想方设法“创收”，乃至变相推销形形色色的“学历”；当然更少不了“跑部前进”，争招生数额，争项目经费，争科研课题，争学位授予点等等。而教育部及其下属各司局又巧立名目，精心设计繁琐的申报、评审、验收等手续，其中仅本科教学评估一项，就把全国高校折腾得人仰马翻。在这样劳民伤财的纷纷扰扰之中，大学领导又有多少余闲精力用于改善管理以期实实在在地提高教学、科研水平呢？高校素质的整体下降已成为有目共睹的事实，而更为严重的是急功近利、弄虚作假造成的诚信流失。我们现在还有大学精神吗？今后大学精神的重建恐怕不是一两代人的真诚努力所能完成。

大学之光在于文化的积淀、精神的传承、学脉的延续。教育在任何时代都不能忽略前后传承与相对的稳定，因为教育本身具有人所共知的长期性与持续性的特点。教育必须适应社会的变迁，但是教育的发展又具有自己相对的独立性，有其绵延千年、衔接古今的内在规律。教育的个性在更多时间经常表现为渐进式的积累以及作为其结果的“水到渠成”。对于一所大学来说，深厚的文化积淀、独立的大学精神、源远流长的学脉正是其闪烁的大学之光，照亮民族，照亮人类。

问题的根源在哪里？

马国川：现在大学问题这么多，根源在哪里？或者说，我国高教何以在错误的道路上走得这么久、这么远？

章开沅：首先教育部需要反思。都是底下的问题？都是学生的问题？都是教师的问题？都是大学的问题？“教育产业化”也是底下的问题？大学为什么急功近利、学风浮躁乃至舞弊丛生？在这种情况下大学越走越远，教育部自己不知道吗？很多问题还是教育部自己造成的，那一套指标体系，所谓量化的、刚性的指标体系，把底下逼死了。过去也不是没有这样的问题，但相对来讲，要少得多。现在为什么这么多，这么严重，而且累积而不改呢？教育改革首先要改革教育部。教育部是很有力量的一个国家机器，它不断地制造量化的指标体系，然后运用这些指标体系来进行非常繁琐的而且无处不在的评估。然后就是评审、验收，一个还没有完，一个又来了。教育部难道就是这样来管理学校么？用这种办法来显示自己的能力？现在设备比过去好，花花脑袋比过去多，教育部下面有很多司，会出各种花样。正所谓“年年有新政，月月有花招”。闹得大学里面都不能安安静静地、平平顺顺地办好教学。教育部要改革，一是要回归大学本位，二是要回归教育本位。

其次，大学自己也要反省。也不能说什么问题都是上面的，都是社会的不好影响了我们，我们自己干什么？大学是什么？大学本身就是一种道德精神力量，大学为什么这么容易受到社会上坏的影响呢？尽管现在的主政者已把大学的定位从精英教育改为大众教育，但大学（特别是著名大学）就整体而言仍然是培养人才的最高学府。因此，大学校园风气的败坏，乃是最可怕的败坏，因为这必将影响一代新人的健康成长。

马国川：某种意义上可以说，大学校园风气的败坏意味着社会良心的迷失。

章开沅：这并非耸人听闻。社会良心主要在大学，人类文明危机的问题，一些社会沉沦问题，都需要教育工作者匡谬扶正，形成强大的、正义的社会声音。大学要明辨是非，坚持正确的，反对错误的，以自身的良好行为体现道德规范。大学要以正确的舆论影响社会。

马国川：大学的自省也很重要。教师不是孤立的人，他影响的是一批人，应自觉注意自己的一言一行。

章开沅：教育应该首先治疗自己，然后才能治疗社会、治疗全人类。我最寒心的，也是最痛苦的是，90%以上的大学校长都认为教育部搞的教育评估是不好的，但是都不敢讲。这伤害不是一代人、两代人能够消除的。

马国川：还有各种学术抄袭的丑闻。

章开沅：真正的学者要具有超越世俗的纯真与虔诚。工作对于他们来说，奉献更重于谋生，其终极目的则在于追求更高层次的真、善、美。唯有如此真诚，才能不趋附、不媚俗、不出违心之言。我经常引用的一句诗是“治学不为媚时语，独寻真知启后人”，要保持独立的学者人格，必须明确治史为求真，是为保存民族文化，学术不是求名求利的私器。现在一些学者在学术上的堕落，抄袭还不是主要的，学术品格的堕落，这是更大的问题。凡是存在的都是有根据的。

为社会一些不良的现象，编造种种理论来稳固这些不合理的事物，这个比抄袭还可怕，还可恶。学风是世风的反映，学风又应成为世风的先导。学风随世风堕落，随波逐流，乃至同流合污，这是最可怕的事情。如果不嫌夸大的话，那就是哀莫大于心死。我是一个80多岁的老人，经历了半个世纪以上的沧桑，我一直提倡树立良好的学风。学风应该成为世风的先导，我支持和倡议用各种方式揭露社会上不良现象。

马国川： 学风问题越来越严重，已经是非改不可了。

章开沅： 我不悲观，我不失望，我寄希望于青年。历史学家看过的东西太多了，经历的事情太多了，一个最重要的醒悟，就是各种事物特别是社会的发展都是经过各种曲折、各种坎坷，甚至大起大落，但最后总是往前走的。我对这一点深信不疑。另外包括学者、人文学科社会科学家在内，跟利益相结合了，用自己的学术工作来追逐私利，好像也可以显赫于一时，但他们不能持续于长久。一个人要有理想，要有抱负，要有自己的道德底线，要过好每一天。到临终盘点自己的时候可以说，我是清清白白的。那样才好。

回归大学主体，回归教育本性

马国川： 现在大学的问题很多，学生不满意，家长不满意，社会也不满意，但是大学也没有什么改变。

章开沅： 学生骂大学骂得这么厉害，我没有想到过。许多人现在都麻木了，有的自我感觉并不坏。如果在80年代，骂得这么厉害我们早就坐不住了。可是现在有的领导者过得很舒坦，很滋润，自我感觉蛮好的。现在最大的损失，是礼义廉耻里的这个“耻”字没有了。孔子说“知耻近乎勇”，他们已不知“耻”了。大学本来应该是道德精神标准比较高的地方，但现在大学里面严重地不讲礼义廉耻。我现在最担心、最痛苦的地方在哪里？过去认为当然的事情，现在成为不正常；过去不正常，现在却成为理所当然。过去我是国务院学位委员会历史学科第一、二届评议组成员、召集人，学位评议真是很严谨，而且大家有个怪脾气，越来巴结、走动最勤快的越上不去。有一位名校的党史专家就是通不过。

马国川：现在学风日下，学术抄袭事件也司空见惯。比如前不久辽宁大学副校长抄袭事件、广州中医药大学校长抄袭事件，就是典型。

章开沅：现在已经形成一个相对稳定的利益网。已经到这个地步，如果一个人讲老实话就可能成为“人民公敌”，讲老实话是要鼓起很大勇气，撕破脸的。现在形成一个弘扬正气的形势不容易，消极的、负面的东西太多，跟利益结合在一起，而且跟一般人利益都结合在一些。比如高校评估，校长不做假怎么办，评不上优怎么办？成了一个利益网，不是一个人分好处，是大家都分享，都拉进去。包括现在的项目经费、课题经费，整个设计都是这样。所以教育部也很忙，大学也很忙，其实忙来忙去，根本是没有意义的一些东西，物理学叫“虚功”。大学要马上行动起来，进行整顿，进行改革。

马国川：高教的积弊不仅年深日久而且盘根错节，彻底整顿谈何容易。

章开沅：从深层根源来剖析，主要问题仍在于主管教育者对教育本身缺乏正确的认知。教育的对象是人而不是物，教育者与被教育者之间需要良性的互动，而不是单向的“灌输”“塑造”。教育的起点与归宿都是爱，都是人性的完善与提升。所谓“以生为本”，就是以人性为本。现今教育当局主事者把各项重大措施都名之为“工程”，实际上是忘记了人性不同于物性，学校不是工厂，教育更不同于制造业的生产流程。说到底，教育是细致的教化而不是简单的制作。

把教师比喻为“灵魂工程师”未必完全确切，但教育的根本毕竟是人格的养成，这已经是人所共知的常识。积60年高教工作的亲身体验，我总觉得教育应该是慢工细活，教师更像精心培育花木的园丁，必须按照植物的生长规律与季节的环境变化，循序渐进地从事本职工作，而最忌急于求成和揠苗助长。与其主观武断地通过行政命令推行一个紧接一个折腾大学师生的所谓“创新”或“跨越”，倒不如让大学保持相对安宁的校园，也许顺乎自然的“萧规曹随”比什么“开辟新纪元”之类的豪言壮举更有利于高教的发展。从历史上看，无论古今中外，成功的教育改革往往表现为渐进式的积累及作为其结果的“水到渠成”。

马国川：“文革”以前就搞过教育革命，一事无成。

章开沅：“文革”以前，多次急风骤雨式的群众运动，不仅未能实现教育革命的预期目标，反而严重损害教育本身，特别是挫伤了众多师生员工的积极性。这个教训极为沉痛，但似乎早已为现今教育当局所忘却，并且在新的历史条件下以新的形式重蹈覆辙。现在虽然不再有人公开侈言政治挂帅的群众运动，但是动辄以政府行为推行全国一盘棋的大举措，依然忽视了教育的连续性与相对稳定性。朝令夕改，而且政出多门，让许多大学无所适从。以前教育革命主要靠政治威权，现在却主要是靠利益驱动，以形形色色的各类“工程”与相应的“课题”“项目”经费促成“跨越”导向。同时，又拟定各种繁琐而脱离实际的指标体系与评审程序，迫使大学顺从就范。如果说过去的大学是屈从于政治压力，现今的大学则是倾倒于金钱的魔力。

马国川：政界“跑官”，大学“跑点”，而且都一同“跑步（部）前（钱）进”，这已经是无人不知无人不晓的“潜规则”。

章开沅：大学的堕落已经令人难以容忍，但教育部门仍然沉醉于少数追随者的歌功颂德，至今未能深切反省，因此在错误道路上愈走愈远。最近，为浙江大学所谓院士课题组“抄袭舞弊”事件，教育部也曾严词痛陈要下“猛药”，但“猛药”似乎只是针对大学，学术道德教育主要针对学生，真是匪夷所思！我认为，追根求源，如果现行教育体制依然原封不动，中国教育改革也只能停留于修修补补，根本难以革除错综复杂的各种积弊，因为大学根本没有自我完善的空间。恕我直言，许多大学校长也缺乏自我完善的胆识，甚至没有自我完善的内在醒悟。因为其中有些人已经习惯于唯命是从，随波逐流，把学校作为个人晋升之阶，千方百计在“跨越”与“创一流”的虚热中显耀自己的政绩。

马国川：种种事实表明，在目前教育部这样强势集权的管理体制下，大学很难在教育改革中有根本的转变。

章开沅：和国家面临的问题比起来，高等教育体制只是一个方面，只是病灶之一而已。我们力量太小，声音太微弱，需要形成一种强大的声音。现在已经证明了，正义的东西、正确的东西形成很大的声势后，是会发挥作用的。

教育改革，千头万绪。不容易改，也不能乱改，应该有步骤。但首先要有决心，现在大家没有信心，怎么改？我认为，当务之急是两个回归：一是回归大学主体，二是回归教育本性。而关键首先是体制改革，让大学独立自主地按照教育自身规律来办好教育。我深信，大学应该把握自己的命运，大学必须自我完善，大学也能够自我完善，大学的希望在于大学自身！

原载《江淮文史》2011年第1期，收入本书时有修订

采访手记 莫教学脉再摧折

在我的心中，武汉是一个有气魄的大城市，无负“大武汉”之名。武汉之大，首先在于它有许多大学。这些大学不仅培养了无数人才，更赋予这座城市年轻向上的活力。在这个资源越来越向“北上广深”集中的时代，假如没有这些高校，那么这个城市就会和诸多中部城市一样，无可奈何地落寞下去。

在武汉的高校里，武汉大学、华中科技大学、华中师范大学是最著名的三所。更妙的是，每一所大学校园里都有一座山：武汉大学有珞珈山，珞珈山的樱花是武汉春天最美的风景；华中科技大学有喻家山，那是武汉地区最高峰；华中师范大学则有桂子山，其名字就引人向往，桂子山的桂花是武汉市秋天最醉人的景致。

很遗憾，我来到武汉时正值夏季，溽热的天气令人胸闷。可是一走进桂子山，树木古朴，环境清幽，顿觉凉风扑面，心旷神怡，徜徉其间，流连忘返。我曾经走过不少大学，发现好大学总是有令人流连忘返的好风景。当然，有好风景的大学不一定是好大学。一所好大学与一所普通大学的区别是什么？我认为，区别就在于提起前者人们就会想起一位校长，就像我们提到北京大学就想起蔡元培，提到清华大学就想起梅贻琦。在这个意义上，我们真的很难辨别，到底是一所大学成就一位校长，还是一位校长成就一所大学？华中师范大学作为一所颇负盛名的大学，它的名字就与章开沅联系在一起。

自从60年前来到武汉，章开沅几乎就没有离开过这所大学。“本想当个跨马佩枪、文武双全的战地记者”的章开沅走上了治史的道路，30年来他以史家直笔写下了数部在国内外产生广泛影响的皇皇巨著与百余篇专题论文，将中国的辛亥革命史研究推向国际。

作为一名历史学家，章开沅在20世纪80年代中期将研究重心转向中国教会大学史。富有戏剧性的是，他在研究自己的美籍老师、金陵大学历史系已故教授贝德士的档案时，发现后者竟然是南京大屠杀的见证者，而且做了大量的实录与对外报道。章开沅首先将贝德士文献中有关日军南京大屠杀的内容写成《南京大屠杀的历史见证》一书，以大量的一手史料，在国际上首次详尽地揭露了日军在南京所犯下的滔天罪行。该书一出，反响如潮。学界对他的历史正义感和学术贡献给予了高度评价。

在学子心中，章开沅是一位德高望重的历史学家，更是一位令人尊敬的教育家。在担任校长期间，他很少去参与行政事务，教育部召开的会也不参加，“上面让我干什么，我觉得可以就做，我觉得不可以就不做”，完全保持以一个学者的而不是官僚的姿态来治校的风格，让当时的华中师范大学成为了一所很有个性的学校。他给学生作报告很少带讲稿，往往采用对话交流的方式，学生听得兴趣盎然。因此，当时的学生多年之后仍能复述他的若干“佳句”。

我采访章开沅先生时，他已经83岁。老先生举止斯文，颇有民国学者风范。尽管身体孱弱，但他对大学教育非常关注，对当下大学的乱象非常痛心。在他看来，但凡办学卓有成效的校长，大多具有较强的民主观念，至少是能逐步推行教授治校，努力发挥教职员工的积极性。与个人资质相较而言，制度更为重要。

章开沅认为，对于一所大学来说，深厚的文化积淀、独立的大学精神、源远流长的学脉正是其闪烁的大学之光，照亮民族，照亮人类。只要我们回想过去的100年，学脉一再被摧折，大学精神数度被打压，就知道这位具有历史眼光的教育家的总结既有对历史的沉痛总结，又有对未来的热切希望。

刘道玉

中国需要一场真正的教育体制变革

简介：

刘道玉，1933年生，著名化学家、教育家，武汉大学原校长（1981—1988），著有《拓荒与呐喊：一个大学校长的教改历程》《创新教育新论》等。

我被改革的浪潮推到了潮头

马国川： 您大半辈子都和武汉大学联系在一起。

刘道玉： 我少年时的梦想是当一个诺贝尔式的发明家。1958年武汉大学毕业后留校工作，60年代初到苏联留学一年半，结果被赶回来了。这些经历改变了我的人生道路，因为那时候正值“反修”，周总理还专门在人民大会堂接见我们。我成为“反修战士”“反修英雄”，也成了组织部门考察的对象，被推到领导岗位上了，结果“文化大革命”挨整，被关押、遭毒打。“文革”后被教育部借去当了两年多党组成员兼高等教育司司长，但是由于我不愿到北京工作，所以党的关系、人事关系、工资关系都没转过去。

马国川： 相当于当了两年临时工。

刘道玉： 那时候正值拨乱反正，工作繁忙，两年主持了24个会议。我累病了，于是借故辞职回到了武汉大学。但是到1981年夏我又被任命为校长。

马国川： 当时的《人民日报》头版还报道了这个消息，称您是“我国解放后自己培养的大学生中第一位担任大学校长的人，也是我国重点大学中最年轻的一位校长”。

刘道玉：《人民日报》记者专程来武汉对我进行专访。我对他阐述了自己的办学理念：“必须发扬彻底改革精神，转变陈旧的教育观念，改革一切不适应的教学制度、教学内容和教学方法。”

马国川：为什么要在武汉大学搞改革？

刘道玉：中华人民共和国成立前武汉大学是全国五所名校之一，中华人民共和国成立后一路下跌，一度滑落到全国重点大学第22位。我任教育部高教司司长期间，教育部根据邓小平的指示，要选择五所大学，作为全国“重中之重”。虽然我处处为武大说话，但由于它在科研上没有特色，成果不多，缺乏知名学者群，故而不能列入前五名。这在我内心里已埋下了振兴武汉大学的强烈欲望。

马国川：80年代初，改革已经成为潮流。

刘道玉：1980年2月，胡耀邦当选为中共中央总书记。在他的领导下，改革的地位不断地提升，旋即成了一切工作和国民政治生活的主旋律。他提出一句名言：“允许改革犯错误，但不允许不改革。”这话显示一个革命家的卓识和魄力，反映了时代的精神，表达了人民的意志，激励了亿万人民的改革热情。我就是被这改革的浪潮推到了潮头，出任了武汉大学的校长，充当了一名改革的弄潮儿。

马国川：有意思的是，当时全国有些大学在试行校长负责制，但是您却说决不争当校长负责制的试点；等全国所有的大学都实行了校长负责制，您最后一个搞校长负责制。这似乎与您一贯锐意改革的改革者的形象不符。

刘道玉：我的确说过这话，虽然偏激了一点，但都是真话。当时，教育部仍然实行“大一统”体制，一个大学校长没有调动一个教师的权力，没有批准建筑一平方米房屋的权力，没有使用一美元外汇的权力等等，何以能实行校长负责制？又有什么责任可负呢？还不如把重点放在既被教育部所忽视的但又是十分重要的教学制度改革上，踏踏实实地做一点有益的探索。

马国川：武汉大学的教学制度改革从何处入手？

刘道玉：教育改革从根本上来说，就是改革不适应市场经济体制的落后的教育体制的弊端。对于一所大学来说，教育改革的重点应是教学制度改革，基于这种认识，我从学分制和插班生制度开始。凡是提前修满学分和完成毕业论文的优秀者，准予提前毕业和攻读研究生。实行学分制后，学生们积极性调动起来了，学习兴趣广泛了，知识面也拓宽了，学生的自由选课也促进了教师们的积极竞争。

所谓插班生制，指的是凡达到了大专学历的其他大学的学生或社会青年，经过我校的一次特殊考核，如果符合要求者，允许直接插入我校相关专业三年级学习的制度。通过插班，可以把那些非重点大学中的最好的学生和自学成才的青年吸引到武大来。

马国川：插班生制度在当时还不合法吧？

刘道玉：报告送到了教育部，半年过去了，仍没有音信。我亲自到教育部去汇报。但得到的答复是：“此事无先例，需要慎重，待研究后答复你们。”一等又是三个月，不得已，再次进京汇报。我陈述道："改革就是做前人未做过的事，应当允许失败。何况试行插班生制度并不一定会失败，即使成不了才也不会出废品，难道统招的大学生个个都能成为人才吗？"经我这么诘问，教育部的负责人也觉得有道理，表示同意，但还须国家计委批准。我趁热打铁，径直找到国家计委，我的改革热情感动了计委负责官员，他们同意试验，招收的插班生纳入国家拨款和分配计划。

马国川：真是好事多磨呀！

刘道玉：插班生制度实施后，《人民日报》《光明日报》《中国青年报》都做了报道，全国几十家报刊也转载了这一消息，在社会上引起了强烈的反响。虽然招收插班生的数量不多，但是却点燃了广大社会青年求知的心灵之火，使他们看到在统一高考升学的制度以外，又有了一次升学的机会。实践证明，插班生制是一个先进的教学制度，本应得到普遍的推广，但是，遗憾的是，除了北京大学、西北大学效仿我们举办作家班以外，几乎所有的学校都没有作出积极的反应。

马国川：这是什么原因呢？

刘道玉：一方面，说明传统的教育观念和教学制度的影响是根深蒂固的，要改变它绝非易事；另一方面，在中国大一统的教育制度下，推行任何新的制度或倡导某种新东西，必须自上而下通过行政指令。如果最高教育行政部门的领导人没有转变教育观念，没有强烈的改革意识，不去发现和支持教育改革中的新事物，那么再好的新创举也只能是自生自灭了。就连首创插班生制度的武汉大学，由于人事的变更，在招收了三届插班生以后，学生反映说，插班生制的做法越来越变味了。这就说明，改革的关键在于有创新精神的人，如果人的教育观念不转变，那势必是穿新鞋走老路了。

独立、自由和民主是大学教育的精髓

马国川：武汉大学的哪项改革措施是最有争议的？

刘道玉：我们冲破了一个禁区，就是取消了政治辅导员制度。这项改革，的确有些冒险，弄不好就会被扣上忽视政治的帽子，甚至会被斥之为办学方向错误。但是，我认为加强思想政治工作不应当图形式，而应当重实效。政治辅导员制度，产生于20世纪60年代初，是在“千万不要忘记阶级斗争”的背景下实行的，规定每100个大学生配一名专职政治辅导员，目的是为了“反修防修”。很明显，这个制度已经过时了，但是由于它是一个敏感的问题，谁都不愿触及，宁肯它流于形式。我从调查中发现，政治辅导员既不为学生欢迎，他们自己也不安心工作，是一支极不稳定的队伍。政治辅导员大部分是刚毕业的年轻人，业务好的不愿干，学习平庸的在学生中没有威信，他们时常为自己的前程担忧。有些学校的政治辅导员不安心工作，迫不得已靠发政治辅导员津贴来稳定。他们本身是这样的思想境界，那么他们对学生还有什么说服力呢？基于这种认识，1984年我宣布取消政治辅导员制度，这在全国是唯一的；同时，开始试行导师制。（编者注：为加强全国高校思想政治工作和学校辅导员队伍专业化职业化建设，2017年教育部正式颁布《普通高等学校辅导员队伍建设规定》，对高校辅导员队伍建设的要求与职责、配备与选聘、发展与培训、管理与考核作了明确说明。受访者所述内容有其特殊的时代背景，与现行政策和方向存在一定差异，请读者注意甄别。）

导师制是英国牛津大学、剑桥大学于15世纪初实行的一种个别指导制度。实践已证明它是一种很好的制度。我认为，可以借鉴这个制度，以它代替政治辅导员制度，建立一种稳定的、权威的、有效的管理学生制度。导师制最大的优点，是将教书育人制度化，实现政治与业务的有机结合，体现了“传道、授业、解惑”的完美统一，因而它是一个符合教育规律的、有生命力的制度。

马国川：诸多改革措施是如何出台的？

刘道玉：有的是集体研究，有的是受到来自学生们建议的启示。例如，当时生物系的1979级的学生田贞见给我写了一封信，诉说他想当作家，却被生物系录取的苦恼。因此，我们就推出了转学制度，得到广大学生们的拥护，他们把它称作是学习的解放运动。我校转学制度在报纸上披露以后，在全国的大学生中，引起了不小的反响。来自北京大学、清华大学、中国科技大学的一些学生纷纷投书，想通过转校方式，飞向“空气清新”的珞珈山来。

马国川：你和学生之间的关系很融洽啊。

刘道玉：我很注意和大学生之间的沟通，没有代沟，他们不仅把我看作一校之长，而且把我当作他们的朋友。他们之中的一些人，从来不称呼我的衔职，而昵称“刘道”，甚至是“我们的刘道”。我除了经常参加他们的活动以外，还常常收到他们写给我的信件，其中有批评、有建议，也有他们的烦恼与要求。

马国川：当时学生的思想还是非常活跃的。

刘道玉：可以说朝气蓬勃。恢复高考以后的几届学生，他们思想解放，价值观念超前，有着强烈的使命感，大有“天下舍我其谁”的超级自信。于是，他们一进校就没有把自己禁锢在一个狭窄的专业里，而是把目光瞄准到各个学科最前沿的知识。因此，各个系的同学都去与其他系的同学交朋友，从聊天吹牛开始，交流各自的新鲜见闻，一批思想活跃的大学生还创建了“快乐学院”。它是一个特殊的学术社团——多学科讨论会，每个星期三的晚上举行例会，其时各个系的一些“不安分”的学生不约而同地聚集到学生会议室，展开了真正的高谈阔论，唇枪舌剑，气氛热烈非凡。虽然他们讨论得面红耳赤，甚至是声嘶力竭，但他们很快乐。

马国川：学校容忍了这些学生的“不务正业”。

刘道玉：快乐学院的成立，得益于武汉大学当时的民主自由的校园文化氛围。那时的武汉大学被称为“解放区”（意指思想极为解放），不仅没有其他学校“三不准”（不准谈恋爱、不准跳交谊舞、不准穿奇装异服）的规定，而且取消了专司管理学生的专职政治辅导员制度。在20世纪80年代初，我提出大学生应当运用两个课堂进行学习，这就是第一课堂和第二课堂。前者是教学计划规定的学习内容，后者是指课外的学术社团活动。每个学生必须至少要参加一个自己喜爱的学术社团，如果没有，那就应当去创建一个合乎自己需要的学术社团。这是学习成才的需要，是获得全面知识的需要，如果一个大学生在校学习期间，没有参加任何一个学术社团，那就不能算是完全合格的学生。

自20世纪80年代初到中期，是武汉大学学生学术社团蓬勃发展的时期。据不完全统计，全校有各类社团400多个，如“浪淘石”“樱花诗社”“珞珈山”“这一代”“思想家”“管理者”“信息社”“读书俱乐部”等等。那时，真是思想大解放，的确有一点不怕做不到就怕想不到的味道。在那数不清的社团中，居然还有一个“纳粹主义研究会”。当然，这个研究会绝不是崇拜纳粹主义、崇拜希特勒，而是研究希特勒如何利用纳粹主义，如何避免历史的悲剧重演。学术社团兴起的同时，武汉大学学生中的学术刊物也像雨后春笋一样冒了出来。

马国川：你进行改革背后的理念是什么？

刘道玉：这些制度改革的理念有三点：第一，教学制度是为教育方针和培养目标服务的，因此，必须把教学制度的改革作为中心任务来抓。第二，独立、自由和民主是大学教育的精髓，没有自由民主的和宽松的校园文化，就培养不出优秀的人才。第三，应当尊重学生的志趣和选择权，允许学生自由听课，自由选择专业和系科，自由组织社团，自由进行课余科学研究。我十分欣赏和支持经济系一位中年教师的做法。他向学生宣布：“凡是选修我的课程者，可以实行‘三许二不许’：允许不来上课，但不允许迟到；如果对本人的讲授不感兴趣，允许在课堂上看其他书籍或做别的事，但不允许讲话；如果你实在困乏了，允许在课堂上睡觉，但不允许打鼾。”这个规定既幽默又耐人寻思，的确不愧为开明之举，因而受到了学生们的欢迎。他宣布这个规定后，不仅没有逃课者，而且堂堂课爆满。正由于我们采取了这些开明和宽松的政策，所以那时学生们学得生动活泼，涌现出了大批优秀人才，他们至今对那种学习生活仍难于忘怀。

马国川：但是对自由问题，直到今天许多大学的管理者仍然持有不同意见。

刘道玉：当年更是如此。在20世纪80年代中期，武汉地区曾流行一个顺口溜：“学在××，吃在××，玩在武大。”这个顺口溜传得很广，不仅校内，在社会上也有传说，在一些不明真相的人看来，武汉大学似乎是学风不严，纪律松弛的误人子弟的学校。对于流传的顺口溜，我并不在意，也从未动摇我改革的决心。其实，对于“玩”要作具体的分析，看是什么性质的玩，如果是花天酒地玩物丧志的玩，那当然是要杜绝的；而“玩学”，即在玩中学，在玩中增长才干，则是应当提倡的。在这种意义上，“玩在武大”就不是贬义的了，这正是武汉大学多年教学改革而营造的新的学习风尚。那时，我校的毕业生深受国家各部委和14个沿海开放城市用人单位的欢迎，特别是改革开放的前沿阵地的深圳市和海南省，对武汉大学的毕业生情有独钟。如果说自由、民主的学习环境是快乐学院，那么20世纪80年代的武汉大学，就是一所快乐学院。事实证明，这样的学院，是人才成长的摇篮，是发明创造的温床。实践证明，80年代是武汉大学历史上出人才、出成果的最好时期。

我为改革而无怨无悔

马国川：当时的媒体赞扬“武汉大学是高校中的深圳”。

刘道玉：深圳是改革开放的特区，它意味着自由、民主、开放，象征着高速度和高效益。当时武汉大学自由民主的风气很浓厚，开创了该校自1949年以后最好的时期，无论是教学或是科学研究都获得了前所未有的好成绩。正是由于这些原因，当时北京大学等名校的一些教授要求来武大工作，北京大学、中国科技大学、同济大学等校的部分优秀学生办了转学手续来到武汉大学。

马国川：您为什么能够大刀阔斧地开展改革？

刘道玉：那个时候党政领导没有矛盾，因为我是党委副书记，书记因为生病住院，他放手让我工作。

马国川：实际上这也是特殊机缘。真要是您头上有个党委书记，而且每天都盯着，恐怕您也难做。

刘道玉：是。我校先后两位党委书记纪辉和庄果同志都很开明，他们授权给我，让我大胆地干。

马国川：您作为改革者的处境如何？遇到了哪些压力？压力来自哪里？

刘道玉：改革当然有阻力，既有内部的也有外部的，既有下面的也有来自上面的。我认为，来自群众中的不同意见，是允许的，也是正常的，通过做工作是可以解决的。问题是来自上级主管部门的干预和指责，无疑给我们造成了很大的压力。对于一个真正的改革者来说，他是屈服于上级的压力、放弃改革抑或是知难而进呢？我自觉地选择了后者，坚持走自己认定的改革道路。为此，我曾经与国家教育主管部门的主要负责人进行了三次面对面的辩论：一次是关于学分制，二是关于取消政治辅导员，三是关于培养创造性人才问题。

我这个人一生不为君王唱赞歌，愿为坚持真理说真话。就这个性格，你不喜欢，我还是我。在辩论中，我有理不让人，虽然真理在我这一边，却也为后来以突然袭击的方式免除我的校长职务埋下了祸根。

马国川：某媒体的老总，曾经是武汉大学新闻系毕业的学生。他说您被免职以后，《中国青年报》发过一个新闻，导语写得非常耐人寻味，到现在他还记得非常清楚："58岁的数学教授接替54岁的化学教授担任校长，武汉大学顺利完成新老交替。"

刘道玉：这是1988年3月10日《中国青年报》头版中间位置发表的新闻，里面还说"据有关负责人透露，这次调整属正常换届"。据我所知，教育部曾经派人去做报社的工作，希望这个消息不要发。当时的总编辑说，如果你不让发，我们就开天窗。

马国川：解放后好像还没有出现过这种现象？

刘道玉：还没有过。解放前经常出现，像鲁迅他们那时候开过天窗。那是大新闻了。所以那篇报道最终还是发了，很多大学都把这篇新闻作为新闻教学案例。

马国川：那位老总还记得，那年冬天武汉的雪下得特别大，体育场旁边一棵300年的老树被压倒了。那棵树还在吗？

刘道玉：没有了。那一年春节没有下雪，春节以后下大雪，非常大的雪。新操场右边一棵300年的大樟树突然倒了，连根都拔起来了。学生们借此发挥说，珞珈山的"大树"倒了。

马国川：当时您才54岁，不感到遗憾吗？

刘道玉：孔夫子于55岁弃官游学，我本想效仿他也于55岁辞去校长职务而潜心著述，但保守势力却不允许我等到这一天。我本打算再用一年或更多一点的时间，把武汉大学的教育改革再深入一步，但是，由于突然提前被免职，这一切均成了泡影。我被免职，是预料中的事，迟早是要发生的。我虽因改革而中箭落马，但我并没有任何的遗憾，我无怨无悔，因为我毕竟做了我最想做的一些教育改革试验。在我遭到不公正待遇的日子里，除了得到社会各界的理解和关心以外，还受到国内外各方的邀请、聘任，而我却没有做官的禀性；不愿当官，这是我一贯抱定的宗旨。从我进入不惑之年以后就曾经婉拒过高教司司长、团中央书记、武汉市市长等职。

马国川：据说几所大学邀请您去担任领导职务，既然您热爱教育，矢志教育改革，为什么有的学校聘任您做校长，而您又拒不复出呢？

刘道玉：我不是为了谋求一个职位，而是想找到一块允许我进行改革的实验田，既然不允许我在武大搞教育改革，那么也就仍有人不允许我在其他学校搞改革实验。

2005年我的自传《一个大学校长的自白》出版后，我的学生开了个小范围的座谈会。第一个发言的学生说了三句话：第一句话，改革者没有好下场；第二句话，改革是条艰难曲折的道路；第三句话，历史终究沿着改革者开辟的道路前进。我说“知我者，我生也”。作为一个改革个体来讲，这可能是悲剧，但是你所倡导的，你所追求的可能就是历史所追求的。

马国川：您这一辈子经历的事太多了。我读过《一个大学校长的自白》，觉得还是有很多东西没写出来。

刘道玉：没写出来，那些都不能说。但是我还是要写的，因为那毕竟是一段历史，这样的问题都不能谈还能谈什么呢？现在中国到处在提创新，创新的前提是自由思想、独立思考。

管得越少搞得越好，统得越死越没活力

马国川：有人写过一篇文章呼吁大学改革回到1985年的原点，从1985年再出发。

刘道玉：1985年5月份在友谊宾馆召开教育工作会议，我以武大校长的身份参加了。参加的人中部分是大学校长，还有国家各部委主管教育的副部长、教育司的司长，还有各省市的主管教育的省委副书记、副省长、教育厅局长以及各方面的代表600多人。

马国川：会议是谁主持的？

刘道玉：国家教育部和国家体改委，开了一个礼拜。我有一篇文章讲到了，如果把1985年教育体制改革文件拿出来做一份考卷，现在教育部的官员和大学校长恐怕都考不及格。我现在记忆犹新的一段话是："在整个教育体制改革的过程中，必须牢牢记住改革的根本目的就是提高民族素质，多出人才、出好人才，衡量任何学校工作的标准，不是经济收益的多少，而是培养人才的数量和质量，紧紧掌握这一条，改革就不会迷失方向。"教学改革的效果不是以创收多少来衡量的，是以培养人才多少来衡量的，偏离这个方向就错了。

马国川：这些话在今天仍然有针对性。

刘道玉：现在大学为什么迷失了方向？就是因为偏离了改革的方向，没有抓住提高民族素质这一条，而是被金钱迷惑。当时制订改革方案的人没有私心杂念，都是很纯正的，就是想搞好中国的教育。现在有些人存了很多不健康的私心杂念，一叶障目，就是钱。他们就相信一个字——“钱”，我就相信两个字——“改革”。

1985年的《关于教育体制改革的决定》，是中国教育改革的一个纲领性文件，迄今为止还没有这么一份权威的教育改革纲领。我们那时候学习这个决定，反复地阅读，反复的勾画、圈点。

马国川：今天大学的很多教育问题，都和当初改革的要求背道而驰。

刘道玉：《关于教育体制改革的决定》反复强调：“必须从教育体制入手，要系统地进行改革，改革管理体制，在加强宏观控制的同时，坚决实行简政放权，扩大学校办学的自主权，清减机构，相应地改革劳动人事制度，还要改革与社会主义现代化不相适宜的教育思想、教育内容和教学方法。”试问：这些现在的大学做到了吗？

马国川：有些大学校长反映，这些年教育行政部门权力更大了，更集中了。各种评估把学校捆得死死的。

刘道玉：教育部的官员，哪怕是个科长下来，校长们都得毕恭毕敬的，陪吃陪喝。因为他们掌握了分配、评估、审批的权力，怠慢了他们，你要倒霉啊。

现在教育部管辖的直属大学越来越多。“文革”以前是23所，1978年全国教育工作会议确定的是34所，现在是76所。而且教育部垄断了一切教育资源。比如说招生指标的分配、统一考试的命题、考试统一录取分数线、优秀教师的评定、学校的评估、科研经费的分配，等等。另外，现在教育部牵头的“工程”是越来越多。据我粗略统计，就有几十个“工程”。什么叫“工程”？“工程”本来是指国家某些重大的建设项目，规模比较大的、投资比较大的项目。“工程”用到学校上面本身就是一种炒作，而且花样翻新、不厌其烦地推出一个又一个“工程”。姑且不谈这些“工程”前后的重复，许多“工程”到最后又成了不了了之的“烂尾工程”。实际上，教育和经济一样，管得越少搞得越好，统得越死越没活力。

中国需要一场真正的教育体制变革

马国川： *改革开放30周年了，作为一个亲身参与改革者，您如何看待这30年中的教育改革？*

刘道玉： 中国教育改革从十一届三中全会算起，大致经历了四个阶段。第一个阶段是1978年到1980年，大概三年的时间。这三年主要是拨乱反正，使教育再回到正确的轨道上来。

第二阶段是从1981年到1988年，有七八年的时间。这是中国教育，特别是高等教育真正改革的黄金时代，真正是在改革上下工夫。那个时候中央号召改革，广大教育战线上工作的知识分子积极响应改革。上下结合，没有分歧。那些被戴上“臭老九”帽子的知识分子，一旦摘掉了帽子之后，他们的心情该是多么的舒畅！他们焕发出了青春，那时候一致的口号就是“要把被‘四人帮’耽误的时间抢回来”。他们为什么拥护解放思想，为什么拥护改革，就是出于他们真实的思想。

马国川：怎么来形容当时改革的氛围？

刘道玉：就像“满园春色关不住”，也真有“百花齐放”的气氛。那时既有改革代表人物，也有典型经验。如上海交通大学改革的代表人物是邓旭初，他是学校的党委书记，是个老革命，人很开明，主要抓人事制度和分配制度的改革。还有华中工学院的院长朱九思。他是“一二·九”学生运动的领袖，后来到了延安。1952年从湖南日报社调到武汉筹办华中工学院，一直搞教育。“文革”期间他收留了全国各地被批斗被扫地出门的专家教授600多名，为改革开放后华中工学院的大发展奠定了人才基础，他从实践中成为一位著名的革命化的职业校长。还有深圳大学的罗征启，提出党政体制改革，实行校长负责制。

马国川：第三个阶段呢？

刘道玉：从1989年以后到1992年，教育体制改革根本没有执行，这是教育改革完全停滞，甚至倒退的阶段。尤其是1989年以后，提出的一系列主张，都隐约能看到“文革”的影子。从1992年一直到今天，是第四阶段，以发展代改革。

马国川：以发展代改革，而不是以改革促发展。

刘道玉：教育改革与教育发展是完全不同的两回事。这期间，国家不是通过改革传统教育观念和旧体制来促进教育发展，而是通过发展来带动改革，其结果必然使改革滞后。很多人认识不到这些，这正是“内行的看门道，外行的看热闹”。那些认为教育形势大好、“教育改革成功论”者，就是看热闹的外行。他们说改革成功有两条标准：一是“两基”（“基本普及九年义务教育和基本扫除青壮年文盲”的简称）85%都实现了，一个是我们现在大学也大众化了。这两条又涵盖了什么样的改革内容呢？不能说这几年教育没有发展，现在大学教育已经是实行大众化了，2006年达到22%了，像美国、欧洲国家，大学教育大众化一般都要30年到50年，我们只用了八年。不了解情况的人认为这是改革的结果，恰恰相反，这是以发展代替改革，而不是促改革，是以牺牲质量来换数量发展，掩盖了教育的很多问题。

马国川：在高速发展过程中，表面的繁荣实际上掩盖了教育中很多存在的问题，所以这两年各种问题层出不穷。

刘道玉：对。发展和改革的区别在哪里？发展就是在原来的基础上，在原来的规模上向前推进；改革的本质是针对原有存在的问题，以新的思想、新的体制、新的制度、新的方法代替旧的思想、旧的体制、旧的制度、旧的方法，这才叫改革。请问“教育改革成功论”者，现在对教育的管理理念改了没改，管理方法改了没改，制度改了没有，特别体制改了没有？

马国川：恐怕没有改。

刘道玉：这就是以发展代替了改革，以牺牲质量换得来了数量的发展。为什么会出现教育部门的官员和民众认识上的巨大反差？第一，一些人是从官员的立场上来看问题，而不是从人民群众的利益出发。第二，他们不调查研究，不听取群众的意见，采取了掩耳盗铃的自欺欺人的态度。第三，有些人不懂教育，而且不懂装懂。你虽然掌握了教育的权力，但是并不意味着你掌握了真理。不能只相信领导的高明，不相信办学者的智慧；只相信计划经济的控制力量，不相信市场的调节力量。

马国川：苏联的教育家、曾经担任过联邦教育部部长的凯洛夫认为教育是工具，而不是认为教育本身就是目的？

刘道玉：他第一个提出来要把教育当作意识形态，当成上层建筑。就算教育作为上层建筑要为经济基础服务，现在经济基础改变了，上层建筑也应该改变。对现在的教育改革，我们虽然忧心忡忡，也是爱莫能助啊。80年代担任大学领导工作的，至今还在思考、研究教育，不断地发表文章，不断地批评教育，我是极少数的人之一了。我或许有些悲观，目前还看不出教育改革的希望，看来变事必须先变人，而变人应先变观念。

马国川：改革就是对既得利益的调整，是很难的。

刘道玉：为什么我一直呼吁要把体制改革作为重点？我当年也是抓体制改革。体制问题是制约发展的瓶颈，是制约人们思想、妨碍人们解放思想的一个桎梏。日本的明治维新跟中国的洋务运动大致是先后进行的，为什么日本的明治维新推动了日本走向现代化，而中国的洋务运动和戊戌变法都不成功，没有推进中国的现代化？就是因为日本的体制改革很彻底。戊戌变法失败以后，梁启超总结戊戌变法失败，说过一句很深刻的话："变法不变本源，而变枝叶；不变全体，而变一端，非徒无效，只增弊耳。"

中国现在需要一场真正的教育体制变革，而不是小敲小打的改良。什么是真正的教育体制变革呢？就是国家要放弃大一统教育领导体制，转变领导职能，实行大教育小政府，赋予大学真正独立自主的权力，实行教育家治校，发扬大学自由民主的精神。

马国川：要改革，就需要一大批真正献身改革事业的人。

刘道玉：我相信唯有改革才能解放人的思想，唯有改革才能调动人的积极性和创造性。遗憾的是，真正的改革者并不多，大多数只不过是口头说说而已。改革要有胆识和卓识。卓识是知道改什么，胆识是敢于去改。没有"我不下地狱谁下地狱"的思想境界，就谈不上改革。现在，我们就需要这样的改革家，时代呼唤这样的改革家，应当为涌现这样的改革家而营造民主自由的环境！

原载《经济观察报》2009年2月4日，收入本书时有修订

采访手记　“心在天山”

客厅里摆放的一盆花吸引了我的目光，绿油油的叶子很肥厚，上半截是红色的，似花非花，很漂亮。刘道玉先生告诉我，它叫凤型花，是春节时学生送的，蕴含着“鸿运当头”的吉利之意。它们原来是用一个个劣质小塑料盆种植的单株花，可是卖花人为了招揽顾客，出售的时候把它们拼装到一个硕大的瓷花盆里，高价出售。“这些花连续几年移植都移不活，因为它们里面没有营养，都是糟糠，这跟现在大学里某些滥竽充数的教授一样，好看不好用。”

这番犀利的话语出自眼前这位76岁的老人之口，并没有让我感到意外。这恰恰表明，已逾古稀之年的刘道玉先生仍然保持着敏锐的思维和批判的锋芒。

1979年，已经是教育部党组成员兼高教司司长的刘道玉辞职南下，回到母校武汉大学。1981年他被任命为武汉大学校长，是当时中国重点大学中最年轻的一位校长。刘道玉曾说，“我本不想做官，也就不怕丢官，那么就不会为‘保官’而前怕狼后怕虎了，也就可以无所顾忌地发挥自己的创造力了”，“我这个人最喜欢一个字，那就是‘变’。有了这个字，就有了创新的最大驱动力”。

在武汉大学，他首创并推行一系列高教改革，如学分制、插班生制、导师制、转学制、主辅修制、双学位制等，均为全国所瞩目，从而使武汉大学成为当时教育改革领域里的急先锋。刘道玉因此成为20世纪80年代大学中的风云人物。

武汉大学校园古朴典雅，是一所百年名校，曾被誉为“民国四大名校”之一，与北大、清华比肩而立。在那个时代，这里校风自由，聚集了一大批学术名流。可是1952年院系调整后，这所综合型大学元气大伤。在刘道玉时代，武汉大学又出现了蒸蒸日上的势头。假以时日，它完全有可能重振雄风，回复往日的荣光。

“天意从来高难问”，1988年锐意改革的刘道玉突然被免职。据一位报社老总、当年武汉大学的学子回忆说，巧合的是，当时突然一场大风，将校园里一株百年老树吹倒。大树凋零，从不把校长当官做的刘道玉却坦然处之。虽然有许多机会离开武汉大学，甚至到其他大学出任校长，但是他都拒绝了，一直坚守在珞珈山。

20年风雨苍黄，当年电影《女大学生宿舍》里意气风发的校长路石的原型，而今已是苍苍老者。因为中风后遗症，刘道玉的右手已经不能写字，但是他通过电脑键盘，艰难地敲出一篇篇文章，为教育提意见、陈建议，锋芒不改，犀利依旧。尽管现实逼仄，理想依旧辽阔。

在采访中，刘道玉多次引用国内外人士的话来论证自己的观点，记忆之准确，令我深为佩服。当他说到“中国是世界上最大的教育实验场地”时，我似乎能够感受到他那跃跃欲试的憧憬之心。可是，谁还会给他机会，哪怕是倾听他的声音?

我想起陆游那首非常有名的词作《诉衷情·当年万里觅封侯》，下阕词曰:“胡未灭，鬓先秋！泪空流。此生谁料，心在天山，身老沧州！”在那个风雨飘摇的时代，陆游难展其志。但是纵然一生波折，无论怎样的苦难都无法磨灭他自己的理想，就算已经鬓如霜，仍然“心在天山”，仍然无法回避这份对天下苍生的责任。这种英雄壮志难酬的悲愤之情，千年后读来，依旧教人意难平。

自古以来，人们都期待一个物尽其用、人尽其才的时代。可是，为什么历史上还是有无数的人才被抛掷，被埋没?

罗征启

大学里不能没有故事

简介：

罗征启，1934年生，清华大学建筑系毕业，深圳大学原校长（1985—1989），清华大学党委原副书记。现为深圳市清华苑建筑设计有限公司董事长。

“我给你地、给你钱，你给我人才”

马国川：1983年初，广东省一些老教育家和深圳特区的部分领导，提议创办深圳大学。当年5月国务院就正式批准，7月招生，8月录取，9月27日宣告深圳大学正式建立，并开学上课。那一年您从北京来到深圳，至今已经有26年了。

罗征启：创办深圳大学时，北京大学、清华大学等国内名校抽调了一批名师到深大担任系主任。第一任校长是清华大学副校长张维先生，他是学术泰斗，当时已近古稀了。我那时才不到50岁，是清华大学党委副书记，也奉调来深圳大学担任党委书记、常务副校长。记得我跟清华大学一位老先生告别时，他说，我们清华调个人去，就你不合适，也就你合适。说你合适，因为你是广东人，又年轻，有能力，名望又很高，你去合适。说你不合适，因为深圳那个地方比资本主义还资本主义，你这个人又是红旗下长大的，没见过这个情况，知道什么叫资本主义？到那儿你怎么办？

马国川：那时一些人还认为深圳是资本主义呢。

罗征启：我到深圳一看，那种热火朝天的干劲让我很感动。我登上当时最高的国商大厦，22层，有一个香港记者问我，你有什么感受？我说，我来的时候有一位老同志跟我说，深圳比资本主义还资本主义。我到深圳来看了以后非常感动，我觉得全中国社会主义因素最多的地方就是这里。他说，你为什么这么想啊？我说，建设速度那么快，难道是资本主义啊？难道资本主义应该快，社会主义应该像蜗牛，只能慢？！他们就给我鼓掌。

马国川：深圳大学的建设也体现了“深圳速度”和“深圳精神”。

罗征启：确实如此。从提议创办深圳大学到正式招生开课，只用了半年多时间。来深圳我特别高兴，因为我是学建筑的，而深圳大学刚开始要建校，只有一块空地。当时的市长和市委书记梁湘同志指着地图上的一小块告诉我：“这里有一平方公里的土地，交给你们了，你们好好规划一下，看看要多少钱。我们还很穷，请尽量节省，注意实事求是，我们决心贷款来搞教育。这个决心下定了，卖掉裤子也要把大学建起来！我们拿出钱，拨出地，请你们给我们生产人才，人才！”梁湘因病住院时我带了几个深大的老师、同学去看望。他很高兴说：“你们还想着我呀！”我说：“你卖掉裤子建深大，深大师生感谢你。我们来看看，你有没有裤子穿。”他爽朗地哈哈大笑。

马国川：现在像梁湘这样的领导越来越少了。

罗征启：没有了。现在还有些人找我，到他们的开发区建学校、建企业，我说我不行了，就算你给我的是空地，我现在也做不了，因为没有梁湘这样的领导了。

虽然当时市财政收入每年仅1亿多元，深圳市政府却毅然计划拨款5000万元建设深大（广东省、深圳市给中央的报告是拨款5000万元搞深大的基建，这明显是不够的。我到任以后立刻修改了计划，三期工程共建23万平方米，经深圳市批准计划用1亿元。后来三期工程高速度、高质量完成只用了1.3亿元，包括当时被评为全国教育建筑最高奖的校园园林规划，一个有1620个座位的演艺中心，一个当时认为是高校最好的图书馆，甚至建成一座微型的原子堆。有人说，深大建设速度快，创出了“深圳速度”，其实，平均造价不到600元/平方米，也堪称奇迹）。记得当时梁湘握着我的手说：“老罗，我没上过大学，我不知道什么叫大学，我只知道人才。这块地就交给你了，你做主。”他放权到什么程度？到深圳大学来的户口由我签字，送公安局备案就行了。到1986年的时候，我把这个权交回去了，因为谁都知道我可以批户口，全来找我，包括领导的孩子、亲戚都来找我，我受不了了。一次有人拿着梁湘的条子来找我，我换个房子打电话找梁湘，他连说好几个对不起，说是老同事、老领导下来找他，实在没有办法才写个条子，叫我帮他应付一下。他说：“咱们约好了，以后我要是真有困难要你解决。我会亲自找你面谈，而且面谈也不一定给予解决。只要不是我亲自找你面谈的事情，写条子之类全都是为了应付的。你别当回事，可以解决就解决，不解决一点关系都没有。”深圳市的领导同志全都照此办理。他最后说：“老罗，这样行吗？”你说，这样的领导现在哪找去啊。

“一所大学的主体应该是谁？”

马国川： 如何建设大学校园，是你们当年面临的第一课题。

罗征启： 当时一片荒芜，一个小秃山和几条沟壑的破碎地形，板结的风化砂岩土地，连野草都长不好。到底应该怎么规划？那时大学建设重物不重人，人的地位往往不如桌椅板凳，不如仪器设备。例如，图书馆的书库很大，但阅览室却相对小，而且实际成了自习室，学生要发证抢占座位，才能找到个自己的地方。我们决心让新的校园规划有机会为师生员工创造一个优美的环境，使学校成为人们交流思想的场所。我同意一个纽约大学校长C.V.纽萨（Carrole V.Newsom）说的："大学的精神是建基在给人一个一起思考的地方这唯一的一点上……在一起思考是一个相互刺激与反应的过程，经由这个过程，我们的心智就会变得更加清晰。"

马国川：在一起思考，就要有一个环境。缺少空间，就会使人产生抢占必要空间的想法，而不可能乐于共同交流思想。

罗征启：我们确定了规划设计的服务对象是人这一基本原则以后，教学科研设施和生活设施的比例就产生了变化。师生员工的生活、工作条件、教学科研的空间显然更优越，为什么呢？因为我们的生活空间和工作空间是统一的，是为人服务的，可以相辅相成，可以互换。宿舍既是不同系科学生的栖身之所，又是自学和互相研讨学问的地方，由于空间的充裕，必要时还可以互让。学生宿舍空间充裕了，图书馆的压力减小了。当时学生宿舍造价每平方米200元，图书馆是1000元。又如按教育部的规定，4000—5000名在校生要8个500人的食堂，但当时大学食堂每顿饭食堂只开半小时不到，我们规定食堂开12个小时，这样二个食堂就足够了。节约成本应该以人为本算大账。

马国川：您还有一句非常著名的话："高等学校建筑群的心脏应该是图书馆，而不是党政领导的办公楼。"

罗征启：这是理所当然的。在校园规划中，深大的图书馆既处于全校地段的中心，又处于最高的一块坡地上，体量最大，高度最高，吞吐人流最多，是师生求知、磋商、研讨学问的中心。我们要求图书馆全部开架，全天开放到晚上12点，全年开放365天。很多师生直至午夜闭馆时才离去，明显地起到了“心脏”的作用。我们还提出，学校的主体是学生。学校的所有部门都是为培养学生服务的，我们服务工作的所有终端都应通向学生。学生生活区与教学行政区距离较近，让学生能在一两分钟内，从宿舍区跑到图书馆，这在炎热多雨的南方，是很有必要的。学生宿舍离教学楼最近的只隔30米绿地。

马国川：现在的深大校园是“白云红荔，草木葱茏，环境优美，景色宜人”。而其建设规划理念更是难能可贵，近年来，各地大学纷纷建设新校区，深圳大学的规划理念值得学习和借鉴。

罗征启：关键要认识到，一所大学的主体应该是谁？学校的心脏是什么？到底是为人服务还是为物服务？在当时，一些大学教职工和家属人数比例往往比学生大得多，甚至是几倍，势必出现基建和后勤工作大部分是“自我服务”，即是为了解决职工家属问题，而且似乎越想解决越解决不了，形成多建职工住宅，越建越缺的恶性循环。我们一开始就想避免这个矛盾，力图把学校建成一个与此相反的模式，使学校中人数比例以学生为主体，最小的队伍是职工。学校里到处都是学生在活动，在工作。他们不仅能监督和自己有关的工作，而且能直接参与。学校的饭堂服务，清洁卫生，保卫巡逻，秘书管理，几乎都有学生参加，甚至全部是学生。

马国川：据说，在您担任校长以后，秘书工作就由学生担任。

罗征启：我们学校主张独立，鼓励学生们独立，首先是生活上的自立，然后是到事业上的自立。事业上的自立包括要自强，同时在道德品质、思想作风、文明礼貌方面也要自立、自律。我们学校强调自立、自律、自强。自立是基础，自立后才能立人、立校、立国、立天下。不能自立的人谈不上有什么理想的。我们取消了助学金，改成奖学金；取消了包分配，改成了就业指导，要用人单位和同学互相选择；我们鼓励和组织了大规模的勤工俭学，学校鼓励竞争，提高同学们的竞争意识和竞争能力，不仅仅在就业上有竞争，奖学金有竞争，勤工俭学、短期就业都有竞争。

我们解雇了深大所有的临时工，剩下一些家属没有办法解雇的才留着，其他所有职位都由学生担任，以增加学生勤工俭学的机会。领导和教授副教授都配备学生秘书，这样秘书就是秘书，只能帮你抄抄写写，不能代你起草报告、总结或撰写论文。学校领导和学生的距离就近了。

我自己的秘书就是由六个深大学生交替上班，既没有耽误他们的学习，还锻炼了他们的能力。

马国川：您还要求，称呼校内所有大大小小的干部时一律不得冠以其职务，譬如某某校长、某某处长、某某书记等，统一称为某某老师。

罗征启：是的。这是清华大学的好传统。刘达到清华担任校长以后，有一次一位同志叫了声“刘校长”，他马上说：“你们清华的传统特别好，都称同志。你不赞成吗？”我们认为，被称为同志或老师是最光荣的，何况高校里所有行政人员都是服务角色，不能有官本位意识。

“我们得走另外一条路”

马国川：当时的深圳大学处处展示着改革精神。深圳大学的校长带领各系主任到车站迎接新生，这已被传为高校教育界的一段佳话。

罗征启：这是当时广东省高教局副局长黄其江同志的建议，我认为很好，一直坚持到1989年。当时深圳对这所大学寄予了很大的希望。深圳市的要求是，以改革为动力，建设一所为经济特区提供骨干人才和高端人才培养、高端智力服务、高端科技成果的特区大学，一所走上国际、能够与世界各国高等院校平等交流互相观照的窗口大学，一所努力创新办学体制、积极探索现代大学制度的实验大学。

马国川：这和您的理念十分吻合。您说过，建一个新的大学，而不是建一个旧的再来改革。要从建校开始，就给人一种与众不同的印象。

罗征启：这不是我说的，是时任深圳市副市长邹尔康同志多次强调的。我很赞成，坚决执行。刚到深大赴任时很多人问，深圳大学办成一个什么样的学校啊？有人说，深圳大学就是清华的分校，因为校长、党委书记都是清华的嘛，学校主要的理工科老师也都是清华的。我反对这种说法，我说，办社会主义的综合性大学，有“社会主义”就行了，我们搞起来再说。但是最主要的一点就是，我们不要“齐步走”，我们跟别的学校要不一样，深圳大学必须另走一条路，如果我们按照清华的标准，永远赶不上清华。

马国川：永远跟在别人屁股后面。可是现在教育行政部门仍然要求整齐划一，“齐步走”。

罗征启：对学生要求一样，一般高、齐步走，谁也不能冒尖谁也不能落后。结果呢，大家都落后了。这就是制度问题了。制度问题不解决的话，学校没法搞。当时全国有1070所高校。我说，就像马拉松比赛，1070所大学比赛，深圳大学是最后一名参加者，人家已经跑那么远了，我这里还动弹不得，即使我们跑得再快，也不可能跑到前面去。所以我们就得走另外一条路。走另外一条路，另外一条跑道，我很有可能就是冠军。深圳大学要想拿到总分第一，是不可能的，但是多拿几个单项冠军是完全可能的。事实也证明，我们做到了。

马国川：前两天偶然读到一篇文章，是作者回忆母校深圳大学的。他写道，图书馆的藏书全部开架，可以方便地借阅到港台和外版书籍；从来没有开过大会，胡耀邦同志的追悼大会也只是大家自发地聚在广场上，零散地站着肃立、默哀，颇为西化；没有政治课，只有哲学课、逻辑课；没有全校广播系统，没有关灯制度，也没有铁门和门卫老太太；学校里没有专门的临时工，打扫卫生的都是本校的勤工俭学大学生；必修课只占全部课程的一半，学生可以自由选课；学校对学生是一种放牧式的管理；等等。当时的深圳大学和其他的大学真的很不一样。

罗征启：大学要营造一种难得的氛围，一种轻松学习、自由交流的氛围，在这样的氛围中，学生的学习应该是主动和无拘束的。

马国川：有点像“自由放牧”。

罗征启：我一向主张开放办学、自由发展的教育思想。我们引入学分制，提倡自立、自律、自强的“三自精神”，只给予制度上的规范和思想上的引导。有人说，这是“无为而治”。我想说明一下，“无为而治”绝不是无所作为。老子《道德经》中讲“有为”比“无为”要多。他多次强调的是“无为”一己之私利，“无为”虚名，“无为”虚假的政绩，才能有所作为、大有作为。不是什么都不干，就坐等成功。还有一层意思是说，有所不为才能有所为。现在常常被理解错了。只说“无为”，怎么能治呢？1983年来深圳大学之后我就宣布一条，三年内所有的干部跟老师一样都不要出国，除非人家出钱，而且是学术活动，更不准出国旅游。我们只去香港，因为去香港最近、最便宜而且效率最高。香港是我们中国人的，它已经把世界先进的东西都给中国化了，都经过中国文化筛选过来了，所以我们学香港是最直接、效率最高的，学香港足够了。到了1986年下半年，我们就开始出去了。结果反应很好，都说我们学校像个样子了，这就叫“无为”出国，“有为”去香港，“无为”去旅游，“有为”去学习。这样才能“治”。

“深圳大学一平方公里也永远有效”

马国川：深圳大学积极开展高校内部管理体制改革，在实行聘任制、学分制、勤工俭学、后勤社会化等方面进行了一系列探索和试验，许多教改措施被写进《中国教育改革与发展纲要》，在全国推广。在改革中，和教育行政部门是否产生矛盾呢？

罗征启：很难避免，最典型的是我们办半工半读夜大学的波折。还在清华大学工作时，我去罗马尼亚考察，看到罗马尼亚有两种学生，一种就是普通的大学本科生，五年制的。还有一种六年制的，白天上班工作，晚上读书学习，半工半读，期终考试前一个多月的时间停下工作，复习考试。全部教材、考试内容和文凭与五年制的一样。回来我就想让清华的工人也半工半读，但没有成功。我来到深圳大学后，发现学生勤工俭学是有问题的，因为没有那么多岗位，学生也没有时间去做工作。后来我想招收专科生，本来是两年，现在变成三年，白天做工晚上上课。

马国川：有点像罗马尼亚的做法。

罗征启：差不多是按照罗马尼亚那种体制了。我跟大家商量了七次，最后都同意了。我就写了报告，可是广东省高教局没批，不说同意，也不说不同意。

1984年春节，蛇口工业开发区的袁庚要我去参加他们的会。发现他办了个培训班，我看到整齐的一大摞毕业证书，比清华大学的硕士证书还要漂亮。我问，你们的证书教育部同意了吗？没有啊。我又问，交通部（袁庚是交通部任命的）同意了吗？也没有。后来袁庚开始演讲，他指着证书说：有人问我，这个证书教育部承认吗？交通部承认吗？我跟大家说，没承认，我认为这个证书合格不合格，同意不同意，不是哪个部门的权力。社会实践是合格的，就是合格的。我宣布，这个证书在我们蛇口工业开发区的五平方公里以内永远有效。

马国川：很有气魄。

罗征启：这个老同志真有气魄，我当时感动极了，站起来说，你这个证书在我们深圳大学一平方公里也永远有效。后面就有学生问，怎么有效啊？我说，平等呗，有这个证书，我们深圳大学所有的文化、体育、科技设施向你们开放。大家都热烈鼓掌。袁庚说，这个校长很够胆，咱们现在有六平方公里了！开完会后，他问有什么困难。我就跟他说了办三年专科生班的烦恼。他说，你不能报，谁让你去报呢？你可以办起来再说，深圳大学常常有中央的领导同志来，来了你就汇报。中央领导听了以后肯定很赞赏，这不就解决了吗？

马国川：看来袁庚还是很有经验哦。

罗征启：我回去就跟大家商量。原来我们报上去的时候是说要办一个夜大学，当时教育序列里有夜大学。我们就想了一个它没有的：半工半读高等专科学院。没有再上报，就开始招生，高教局跑来说不能招生，还没批准呢。我们就辩解说，这是教育序列里没有的，我们办的不是夜大学，也不是职工业余大学，没办法报。所以就不报了，不去烦扰你们教育行政领导部门了。后来又说我们的第一批有一些人入学没有入学考试，我们说，这些大龄的在职年轻人在“社会大学”里面念了好几年了，他们有很强的学习意识和水平，不成问题了。但是要让他们考入学考试的话，别说他们了，我也不行。我们提出“出口严入口宽”的方针。如果学习不合格，考试通不过，就不能发文凭，不能毕业。我们还在学生毕业前增加一个“综合能力考试”，叫做“加锁把好出口”。1987年第一期学生就要毕业了，但这个班还没有批准。这时李鹏总理第二次来深圳大学视察，我又汇报了半工半读高等专科学院的事。他说，你上次说过了，很好嘛！他回去之后不久，省高教局就催我们办手续，一个星期多就批下来了。前几期的半工半读专科生已经毕业许多年了，深圳市各企事业单位到处都有他们的身影。他们是否合格，应该可以作出结论了。

“学生跟我们自己的孩子是一样的”

马国川：和当时其他大学不同，深圳大学是不包分配的。

罗征启：深圳大学最初的学科是由清华、北大、人大等高校各自的优势学科组建的，教师来自这些高校最富时代激情的人，他们是为了理想而不是金钱凑在一起的。

深圳大学中文系主任乐黛云老师有意思，中文系第一届毕业生到1988年毕业，1987年暑假她要求学生多学一些技能，让学生交点钱找解放军学开汽车，她把教学内容也改了，最后一学年大部分课改为英语的。教务处来找我，说一个中文系大部分课程变成英语的，还让学生学开汽车！我说，其他大学的中文系毕业以后，分配是有保障的，我们现在不包分配，假如说中文系的学生毕了业之后没事干，你负责还是乐老师负责？他不说话了。我说，你就别管了，中文系跟我谈了，他们培养的学生的第一目标是高级秘书，高级秘书必须是中英文的，必须会开汽车。我就同意他们这么做了。因为找不着工作的话，乐老师会负责的，她不会来麻烦我的。

马国川：权力与责任是统一的。

罗征启：第一期学生毕业，我们非常紧张，不包分配到底行不行？几年以前我们早就喊出去的，现在到考验的时候了。我亲自带队去了两次香港中文大学，请人家给我们讲课，学生怎么去找工作，甚至包括学生的穿衣打扮、对话技巧。我们有一个女学生找工作一次次失败，她自己都没有信心了。后来几位老师研究发现，她不会笑，就教给她怎么笑，结果一试就成功了。

马国川： 第一期学生毕业就业情况不错。

罗征启： 当时我们都很紧张。学生跟我们自己的孩子是一样的，只有这样，学生才会尊敬你。我在做校长的时候就说，如果把所有的权力全都放给我的话，我肯定紧张死了。

马国川： 把权力放给你，就意味着责任也压到了你的身上。

罗征启： 那我紧张死了，你以为我这么喜欢要这些责任啊，很难受的。

马国川： 如果说市场经济的基础就是分权，把权力分了下去，当然责任也就分下去了，如果做得不好将来可以追究责任，可是现在有关部门唯恐大权旁落，总是嫌自己管得少，怕下面不听话。现在教育行政部门仍然以旧有的思想模式要求大学，根本问题还是权责不对等的体制问题。

罗征启： 它要让所有的高校都“齐步走”，都要整体划一。招生要管，毕业证也要管，可是出来的学生不合格呢，它就不管了！扩招得这么厉害，可是学生毕业之后找不着工作，怎么办？谁负责？

“我庆幸离开了大学”

马国川： 虽然您离开大学许多年了，其实您肯定也在一直关注大学。您看，今天大学的声誉已经堕落到一个非常差的地步了，大学里的丑闻很多，问题很多。一个问题是，学校不知道自己到底怎么往前走，不知道走到哪儿去，没有方向。

罗征启：没有方向，这是学校最根本的问题。我一生大部分时间在大学里度过。我不愿意讲大学的坏话。我庆幸离开了大学，要不然我真的受不了。

马国川：中国的教育有许多问题，也有许多机会可以改革。

罗征启：有很多的机会都给丧失掉了。大学作为实施高等教育的地方，我觉得首先是领导体制的问题。第一条是党要管党，要管政治方向，要管思想道德教育；第二条是校长治校，包括学校的行政管理（含基建、财务、人事等）、学校的发展、规模和质量的控制等等；第三条是教授治学，指教学科研等有关学术的工作。有些工作是交叉的、共管的。如思想教育，谁都应该管。教学科研工作中也有些属于行政工作，教授聘用和职称提升也不完全是教授会的事。

马国川：党要管党，校长治校，教授治学。

罗征启：这三条一定要有。校长作为一个行政管理人员，他治不了学。有的校长也要管教学行政的，甚至有的也要担任一些教学科研工作，但是他的意识里头必须要明确，对于校长来说，行政管理工作是主要的。行政工作有下级服从上级的问题。但是教学工作和科研不能少数服从多数，不能下级服从上级。在这一点上一定要明白才行。

还有一点，学校的领导在学术上不可能什么都懂，还得靠教授会。教授会有一套很民主的办法。过去的学校啊，像解放前的老北京大学，有的人说办得好。当时的体制不是很清楚，但至少它的行政工作与教学是分开的，学校里面有好几个委员会。清华也是这样，行政不跟教学科研混在一起。我们去国外看他们的大学，约好要谈一个合作。虽然校长到了，但是教授会的主席有事儿晚到，我们就等。因为校长不敢签，必须是校长跟教授会主席一起签。

马国川：联合签字才有效力。

罗征启：这个制度还是有一定道理的，因为校长不一定全懂，不一定懂科研里面的一些事情，所以必须和教授会主席一起来签。教授会的学术水平应该是最高的，行政委员会次之，党团组织又次之，因为党团组织里有学生、有工人，平均水平当然就低了，怎么能决定学术的事情呢？这讲不通啊。

有一位学校的党委书记从美国回来说，他觉得有一个问题，过去好的大学都有很多很多故事，老师的故事、学生的故事。像清华大学里，就有陈寅恪的故事、马约翰的故事、梁思成的故事、刘仙洲的故事，很多有意思的故事。但是现在没有了。他在美国找了30多个从国内一所著名大学出来留学、做研究的学生，想听听他们在大学里面印象最深的是哪一门课，讲得最好的、最有意思的、最感兴趣的是哪一位老师？能不能讲出一两个故事来？30多个人全都低头不说。

马国川：一个都没有？

罗征启：没有啊。他说，这怎么行呢，我本来是想从他们嘴里听一两个故事，结果没有。他还说1985年他带了一批人来深圳大学考察，深圳大学全都是故事。学生讲老师的，老师讲校长的，校长讲老师的，走到哪儿都有故事。可是现在来就没有了，一个故事都没有了。大家都沉默了。他感慨地说，没有故事的大学就完了。没有故事，也就没有大师了。

马国川：以前大学里还有故事，现在大学没有故事了。要有，也是抄袭呀，教授行为不轨啊，学校贪污啊，都是这样斯文扫地的故事。

罗征启：清华大学建筑系至今传诵梁思成的故事。1946年西南联大复校后，梁思成马上写信给梅贻琦校长，建议成立营建系。营建系成立，他是第一任系主任，第一期招生，他自己的儿子分数不够，他坚决不录取，孩子上了历史系。当时清华可以转系，营建系转系的特别多，我上学的时候高年级的很多人都是从其他系转过来的。第二年梁先生的儿子想转系，还得考一下，转了两次都没有转成。从此以后，建筑系从来就没有走后门的事发生，谁都不敢，因为梁先生定下了规矩。这种好风气对人的约束力是很大的。

马国川：可是这种做法也已经成为绝响了。

罗征启：好传统是一代一代传下来的，可是一代人就可以把传统破坏殆尽，所以说破坏起来很容易，再建立很难啊。

原载《经济观察报》2009年7月6日，收入本书时有修订

采访手记 消失的传说

我曾经在网上读到经济学家薛兆丰先生的一篇文章，回忆80年代他在深圳大学的时光——

我在深圳大学读书的时候，她有一些独特的魅力。

图书馆的藏书全面开架，一年365天，一天从早上8点到晚上12点开放。学生可以随便看到港台和外文图书。想到内地大学森严的借阅手续，真是幸运。

自由选课。必修课程只占全部课程的一半，教室就像食肆，放牧式的教育。对我这些讨厌知识、只是好奇的人，真是太好了。

二人一宿舍，自由选择同房。有了这些方便，人的火气就少了。宽大的书架，我放满了课外书，书桌上别致的壁灯，洒下金黄的灯光。

深大比内地大学少变态的人，心境更平和、更礼貌，个人主义，集体观念不强（因为选课制度削弱了班的界限）。每个人有他默默的、稳定的兴趣，校园里难以刮起各种“热”和“风”。

从来没有开过大会。罗征启校长讨厌内地的形式……

教师对学生很友善。记得有一次，校长写了封公开信给学生，解释改变伙食补贴的办法，读上去就跟家书一样。

……有心理测验，结果不公布，有兴趣的可以自己去查，老师单独给你解释。有一些德高望重的老师，公布自己家的电话，有苦衷的同学，可以匿名找他们诉说。

没有关灯制度，没有全校广播系统（我认为强迫收听实在粗鲁，即便是在播放《天鹅湖》）。取而代之的是，中午或晚上，餐厅可以免费拿到学校的消息快报。宿舍门口也没有铁门和卫道的老太太。

晚睡觉的确影响健康，但如果遇到相见恨晚的人，或者兴趣盎然的话题，在海边的篮球场上高谈阔论，柔情蜜意，将时间忘记，将快意延续，谁还会介意健康？……宽松和自由让我得以在爱人的陪伴下夜以继日地阅读哲学和经济学。当然，我爱过，也痛过，大学不谈恋爱，真是浪费。

……我不能重新过一次，不知道有没有更好的大学和过法，但我已经将那四年牢记心中，成为生活的一个重要部分。

读到这篇文章我很感动，当时就把它收藏起来。我想不到，曾经有这样的大学存在过。我回忆起自己的大学时代：森严的图书借阅手续、满脸写着“记录”的辅导员、严格的关灯制度、等级严明的大会……在那个北方省城的高校里似乎一切都是深圳大学的反面。20世纪80年代的深圳大学如惊鸿一瞥，很快就消失在历史的视野中，后来的深圳大学迅速“内地化”，似乎和其他大学没有什么区别。

2006年的夏天，我终于见到了深圳大学的老校长罗征启先生。作为拥有数百名员工的清华苑建筑设计有限公司的董事长，已届古稀之年的罗征启先生声音低沉，但精神矍铄，思路清晰。50多年前，这位清华大学建筑系的学生在梁思成先生门下求学，此后与恩师共事多年。留校工作的20多年里，罗征启见证了许多历史事件……

1983年，时任清华大学党委副书记的罗征启，南下到刚刚成立的深圳大学担任党委书记、常务副校长，后担任校长。罗征启主持规划并建设了深圳大学校园，缔造了一种自由、开放的大学校园氛围。但是数年后他又遭遇了另一场风波，从此彻底离开了教育界。赋闲几年后，罗征启创办了清华苑建筑设计有限公司，成功地转型为一位企业家。今天的大学校长如果有他这样的人生遭际，能有几人有此魄力呢？恐怕有些人连生活都成问题吧。

上网的时候，我意外地发现罗征启有时应邀到外地演讲，题目竟然是建筑与风水之类。古往今来，人们对风水的存在与作用争论颇多。虽然我对风水没有偏见，但是在这样一个教育家稀缺的时代，一位真正有追求的教育家竟然只能生活在与教育毫无关系的领域里，我不能不感到莫名的伤感。写到这里，辛弃疾的词句涌上心头：“却将万字平戎策，换得东家种树书。”

杨福家

如何建立现代大学制度

简介：

杨福家，1936年生，著名核物理学家、教育学家，中国科学院院士，曾任复旦大学校长（1993—1999）、诺丁汉大学校长（2001—2012），是第一位出任英国知名院校校长的在籍中国人。著有《杨福家教育文存》《关于如何办好一流大学的思考和建议》等。

什么是大学？

马国川： 这些年许多人都在批评中国教育培养不出大师，国务院总理温家宝也在一些场合指出了教育存在的一些问题，而且直言他对我国教育的现状有一种危机感。您怎么看待这个问题？

杨福家： 其实温总理已经回答了如何才能培养出杰出人才的问题。2007年5月14日，温总理在同济大学演讲时说："一所好的大学，不在高楼大厦，不在权威的讲坛，也不在那些张扬的东西，而在有自己独特的灵魂，这就是独立的思考、自由的表达。要通过讨论与交流，师生共进，教学相长，形成一种独具特色的学术氛围，并不断完善和发扬，影响越来越多的人。这样，真正的大学就形成了，就会有一批有智慧的杰出人才出现，整个国家就有了希望。"这段话在本质上回答了如何才能培养出杰出人才。

马国川： 但是，如何具体化呢？

杨福家： 关键在于建立真正的现代大学制度。要建立现代大学制度，我们首先要回到基本问题上来，即弄清楚什么是大学，或者说一所大学有什么？一要有有形资产，它比我们通常所说的大楼的含义更全面，还包括设备、图书等等。二要有人力资源，包括要有大师。

大楼大师的说法来自清华大学老校长梅贻琦先生，他说过："所谓大学，非大楼之谓也，乃大师之谓也。"这个说法不完整，并不是说梅贻琦先生讲得不完整，因为他不是回答"什么是大学"这个问题的，梅贻琦讲这句话的背景是1931年清华大学的建设基本完成的情况下，学校已把重点放在引进大师上，而不是过多地关注房子，于是他强调大师的重要性。除了大师，人力资源还包括优秀的教师、学生与管理人员。大学有没有优秀学生，以及他们能否在一流教授的指导下，在人文、科学技术的前沿探索方面或为社会服务方面，以极大的兴趣与好奇心，夜以继日地努力奋斗，是大学能否成为世界一流大学的必要而充分的条件。几年前我曾夜访剑桥大学，晚上10点，仍见大批优秀学生与导师在实验室搞科研。我深有感慨，难怪剑桥大学培养出80多位诺贝尔奖获得者。在世界一流大学，这种情景到处可见。有"中国居里夫人"之称的吴健雄教授曾经说过："什么叫一流大学？只要在周末晚上去看看那里的灯火是否辉煌！"确实，在世界一流的研究型大学里，我们一定能看到：一大批既充满着激情与兴趣，又能艰苦奋斗的优秀研究生在杰出的教授指导下、在宽松又自由的气氛里日日夜夜地在探索自然的奥秘，攻克技术的难关。不少诺贝尔奖获奖者和大发明家都由此而诞生！

马国川：一所大学除了有形资产和人力资源，还需要什么？

杨福家：还要有文化内涵，就是要有大爱，包括爱师、爱生、爱国家、爱世界等等，这是学校的一个关键所在。任何一所著名大学都有自己的文化内涵。例如哈佛大学最著名的一句话就是"思想战胜权威"，前校长萨默斯说过，让进哈佛的每个学生都成才。哈佛大学把所有的学生都看成金子，没有好生和差生之别，问题是让他们怎么发光。萨默斯曾经出任克林顿政府财政部部长，他当新校长不久就有一个新学生来找他，说："你是经济学家，应该注重每一个数据的准确性，我发现你的一个数据有错误。"一个新学生敢向校长挑战，这就是哈佛的文化。难怪萨默斯说，如果哪一个大学能够有这种文化，它就有可能成为一流大学。普林斯顿大学，连续七年在美国大学中排名第一。哈佛大学过去三年曾和它并列第一，但最近一次又落于其后，原因在于普林斯顿大学有两个指标超过了哈佛大学。虽然普林斯顿大学目前仅有6000多名学生，但是小学校拥有大文化，它可以接纳有精神病的纳什教授，没有让他下岗，这就是宽容文化——"美丽的心灵"。文化对于学校是非常重要的。而我们很多大学欠缺着文化。不管是在哈佛大学还是在普林斯顿大学，谁都不代表真理，老师也不一定有真理；真理高于一切，在一个看不见的地方，每一个人都可以通过自己的理性去领悟真理。所以，师生之间可以讨论，甚至争论。钱学森当年在美国读书时，在与老师讨论的过程中，也曾气得老师把书摔在了地上。可第二天一大早，他的老师冯·卡门就告诉钱学森："你是对的，我是错误的。"可中国的大学呢，一定是老师在台上，老师显得很大，在中央；学生很小，在旁边；学生什么都不知道，一个个在问老师；老师什么都知道，他是发布真理的。独立的思考，自由的表达，宽容、不浮躁的学术环境，都是大学应有的文化。良好的学术环境是造就杰出人才的必要条件。

除了文化内涵，一所大学还要有良好的办学体制。

马国川：在您看来，大学要有有形资产、人力资源、文化内涵和良好的办学体制。除了有形资产外，其他三方面我们都很欠缺。

杨福家：现在国内大学软硬件建设失衡，较普遍的情况是大楼、教学设备等硬件建设大有改善，其中很多建筑很豪华，甚至远超过国外一流大学。此外，不少大学还都有好几个校区，且相隔甚远，不得不开班车，学生、教师大量的时间浪费在路途上，这与当今先进办学理念背道而驰。而大学的软件建设被忽视，大师、优秀管理人员等人力资源相对欠缺，没有特色，没有文化内涵。我到过国内很多大学城，参观了不少名校新建的校区，但感觉不太好，因为看不到这些名校原有的优秀文化传统，看到的只是漂亮，甚至于豪华的建筑，但却没有人气。造成这些失误的原因，主要是由于观念与体制上的缺陷。在观念上，最大的问题是忽略了高等教育的特点，不了解建设一流大学的要素；在体制上，最大的问题是没有充分发挥教授在办学上的主导作用。我们今大核心的问题就是体制问题，这是我们当前改革的一个关键。

依法办学是关键

马国川：那么，怎么解决体制问题呢？

杨福家：总结起来，关键是三句话：爱师爱生、依法办学、无为而治。

“爱师爱生”是常识，为什么要强调？因为如果没有一个“爱师爱生”的大环境，就不能把老师和学生的积极性调动起来，其他就很难做到。现在的问题是，国内的大学纷纷实行所谓的量化管理，一个教师每年的论文数量、科研成果，甚至论文被引用的次数，决定着他的待遇、名望和升迁。这能说是“爱师”吗？英国大学教育最高明之处就在于：从15世纪开始实行导师制，每个人从进大学那天起，就有人关爱他。剑桥有一句导师名言：“我的烟熏将把一个学生头脑中的火种点燃。”人的头脑不是知识的容器，而是储存火种的地方，而找到火种并且点燃，不光需要训练的技术，更需要爱。可是在国内，大学生和学校、和老师的关系越来越淡薄，这能说是“爱生”吗？“爱师爱生”不是空洞的说教，它与体制密切联系，不可分割，没有良好的体制就没有良好的氛围，积极性没有充分发挥出来，其他的都是空白的。

马国川：您所说的“依法办学”主要是指什么？

杨福家：现代大学，做事要有规范，要依法办事。法律包括宪法、教育法等，在这些法律基础上，各所大学都应该有自己的“宪法”，即大学的章程。其实，《高等教育法》早就明确规定，各学校必须要有章程。但是，现在有多少大学有章程？谁是按照章程办学的？章程就是大学的“宪法”，没有章程的大学就不可能做到依法办事。要做到依法办事，大学首先要制定自己的章程。有了章程，依法办事，最后达到无为而治。老子最欣赏“无为而治”，使老百姓感受不到上面有一个统治者，这就是最好的统治。如果各大学有了自己的章程，教育部就不必什么事情都亲自去管，而是放手让大学自己去做。教育部要做的唯一一件事，就是监督大学是否依法办学。

马国川：我觉得在这三个方面中，核心恐怕还是依法办学。

杨福家：对，现在大学体制的关键是“按法办事”。比如，诺丁汉大学的章程有100页，各种权利义务都规定得清清楚楚。要做领导首先要懂得这个法，必须按法办事，任何人都不能凌驾于章程之上。

马国川：我们的问题是无法可依，即使有法也不依。

杨福家：我对此深有体会。我在国内有很多顾问的头衔，都是毫无意义的。前些年我到深圳开会，当时的市长临时约见我，劈头就说，你从此就是我们深圳政府的顾问了。之前没有任何人通知我，我完全没有准备，市长一句话就给我戴上了一个“顾问”帽子，这样的顾问有什么意义呢？毫无意义。不过，有一个顾问是有意义的。几年前，香港大学问我能不能做校长的特别顾问，我说可以。没有想到，不久香港大学郑重其事地来了一个文件，顾问的权利是什么，义务是什么，能做什么，不能做什么，规定得清清楚楚。我签字后，做了六年香港大学顾问。中国所有的顾问都是“终身制”，不需要辞职的。可是到2005年我正式辞去了香港大学的顾问职务，因为我做了香港政府“大学资金委员会”的国际委员，这个委员会决定各个大学的经费分配，要求其成员不能与各大学有利益关系，所以我必须辞去香港大学的顾问职务。

马国川：没有想到，人家的规定这样具体清楚。

杨福家：一切都是有法可依的，而且非常清晰，我们就缺少这样的规定。所以我认为，各大学都应该根据法律制定章程，然后由人大会议确认章程。这样一来，各大学就可以按照自己的章程来办事，这就是“自主办学”的含义。

马国川：《高等教育法》里有明确规定，各大学“自主办学”。遗憾的是，落实不了。

杨福家：怎么自主办学？不是来自个别人的恩赐，而是来自法律的授权。

马国川：我觉得是两个层面问题：一个是各大学没有章程，无法可依；一个是即使《高等教育法》里有规定，但是有关部门不能做到依法办事。

杨福家：实际上，西方大学的章程不需要批准，只要它没有违反法律就行。比如美国的教育部无权干预大学的事情，大学就是按照自己的章程去办。在中国的特定情况下，大学的章程可以请人大批准，只要获得批准，大学就按照章程办事；除非违法，违法就根据法律处理。教育部的职责就是监督，保证国家的法律得到贯彻。像美国的教育部，大门口有两句话“教育公平，教育质量”，这是它要管的事情。只有这样，大学才能做到“自主办学”，才能有非常民主的气氛——“民主办学”也是《高等教育法》里明确规定的。

马国川：“民主办学”也是有明确规定的吗？

杨福家：《高等教育法》里有明确的规定，只是大家不太注意罢了。怎么保证独立的思考、自由的表达？就需要尊重学校的办学自主权，民主办学。

“表面上是尊重，实际上是贬低”

马国川：2009年年初，温家宝总理在国家科教领导小组会议上说：“教育方针、教育体制、教育布局和教育投入，属于国家行为，应该由国家负责。具体到每个学校如何办好，还是应该由学校负责、校长负责。不同类型学校的领导体制和办学模式应有所不同，要尊重学校的办学自主权。教育事业还是应该由懂教育的人办。”由懂教育的人办学，这也是现在大学的一个核心问题，大家都在批评中国没有真正的教育家。

杨福家： 西方的著名大学校长都是从世界范围里招聘的，而不是由教育部来任命。而国内的大学实行校长任命制，把行政化带到高校里来，这是造成今天大学氛围不好的一个重要原因。把一些大学的校长定为副部级，表面上是尊重，实际上是贬低！在国外，大学校长绝对不是副部级，但教育部部长都对他们很尊敬。美国现任国防部部长罗伯特·盖茨以前就是一位大学校长，他接到国防部部长任命后写了一封信说："我热爱这个学校，但是国家需要我，我更热爱我的国家，我必须走。"韩国的一位大学校长直接被任命为总理。日元上的人物福泽谕吉就是庆应义塾大学的校长，并非王室成员。

马国川： 看来，把校长定位为副部级，表面是抬高他们，实际上不过是明确把大学校长定位为教育部的下属，他们之间就是领导和被领导的关系。

杨福家： 美国教育部部长到哈佛大学，哈佛校长不见他，校长为什么要见他呢？没有一个校长会见他。英国的教育部部长是内阁成员，他到诺丁汉大学里来，我会会见他，但这是礼节性的，表示对他的尊重，可是他说任何的话，对我没有影响；更并不意味着他说的话就是"指示"，我没有义务按着他说的去做。英国的教育部部长也从来不作指示，他知道自己的地位。诺丁汉大学有一幢15层的高楼，建在路边，很不合理。时任英国首相撒切尔夫人到学校看到后，也建议拆掉。校方虽然也认为当初建造是个错误决定，但是如果拆掉又要多花一大笔钱，所以至今仍然在使用。撒切尔夫人的的话我可以听，但是我不一定执行，她也不会追究"你怎么没听我的话"。因为学校是独立于政府的一个学术自治体，政府是政府，学校是学校。

马国川： 但是中国却把大学视为政府的附庸，教育部更理所当然地认为大学是自己的下属。

杨福家： 中国有自己的特殊国情，但是去除大学的行政化是应该的，至少应该把大学体制恢复到中华人民共和国成立之初的时候，那时大学没有行政级别，不管是复旦大学的陈望道校长，还是武汉大学的李达校长，他们的地位都非常高，绝对是高于部长级的。

马国川： 核心的问题是要保证大学成为学术自治体，它和政府之间是有非常清晰的界限的。政府做什么，学校做什么，大家都非常清楚，而不能把学校当做政府的一个附属品。

杨福家： 大学成为学术自治体并不意味着一所大学可以为所欲为，它要在法律下运作，不能违法。

马国川： 在您看来，我们需要什么样的教育家？换句话说，教育家应该具有什么样的素质？

杨福家： 作为一个教育家，第一，他应该了解世界的教育，也了解中国的国情，而且有过丰富的学校管理经验。第二，他必须有比较丰富的教育管理经验，最好能够在教育系统多学习。当然，真正的大学校长从教育学院出来的并不多，但是很多校长都有比较丰富的管理经验。

以前我讲过，美国的一些大学都有几百年历史了，像哈佛已经373年，比美国历史还要长。中国的大学才多少年，怎么和人家比？但是我现在的观点变了。16年前我在复旦大学接待过以色列已故总理拉宾。当时，拉宾总理自豪地介绍：“以色列只有550万人口。其领土的

60%是沙漠，90%是干旱地。但我们是农业强国，高科技强国。”我问：“什么因素使以色列如此强大？”他答了一句：“以色列有七所一流大学。”以色列最早的大学是1924年才建立的，不到90年就有了七所一流大学。近年来，在本土做出巨大贡献的以色列科学家更是接二连三获得诺贝尔奖。论土地面积，北京与以色列差不多；论人口，上海为以色列的三倍；论环境，我们60年和平，他们战火不断；论历史，我们的大学诞生得比他们早，京沪两地都有百年老校，却没有一所可与那七所相比！60年过去了，为什么我们培养不出像钱学森那样的杰出人才？对比这些，对中国教育现状怎么会没有危机感呢？

马国川：在美国，历史不到100年就成为世界名校的也有，关键是大学怎么办。

杨福家：获得诺贝尔奖的华人科学家已经有七位了，但是他们与1949年后的教育没有任何关系。例如，杨振宁和李政道是西南联大时期培养的。

马国川：西南联大是一个非常优秀的大学，虽然那时候很穷，但是它已经成为一个真正现代意义上的大学了。

杨福家：包括谈家桢、苏步青等人的重要的学术文章，都是在那个时候写出来的，因为那个环境允许搞学术，而现在的环境呢，使学者浮躁得不得了。最近我在几次演讲中，都要求取消研究生毕业要发表几篇SCI文章的规定。如果把这个规定用到世界上，很多诺贝尔奖获得者都拿不到学位。很多获奖者就是靠他们的博士论文，此外就没有其他文章。但是现在我们要求至少发表两篇，这不是很荒唐吗？

我们要按照教育规律办事，把关系理顺了，大学就会发展得快，就会出很多人才。使人满意的体制应该能够保证大学由教育家办学，保证大学在国家宪法和法律框架内具有自己独立的思考，自由的表达的办学自主权，保证做到《高等教育法》规定的“高等学校应当面向社会，依法自主办学，实行民主管理”。

大学绝对不能营利

马国川：您在英国诺丁汉大学任校长，和国内大学比起来，英国的大学是怎么运作的呢？

杨福家：我曾经问过哈佛大学校长，他说在美国大学校长主要做两件事，全世界找钱，全世界找人。最早诺丁汉大学找到我时，我首先去问，我要不要管这些事呢？我以为要去筹钱呢。弄钱我可没有手段。后来我才了解到，与中国一样，英国的学校都是政府的，不需要校长去弄钱。实际上领导学校的是三个委员会——校务委员会、教务委员会、学术委员会，在三个委员会之下有一个执行者，执行三个委员会的决议，这个执行者就相当于国内的校长。教育部不干预学校的事务，各大学都是依法办事。在就任诺丁汉大学校长半年以后，我有了越来越深的体会。我发表了一次演说，直言英国的大学可以与美国大学竞争，但是永远超不过美国。为什么呢？因为美国大学要自己筹集资金，重要的还不在于钱，而在于社会是否认可大学，只有得到社会认可的大学才能获得社会的资助，这激励着美国大学都奋力追求卓越。办好大学的第一个条件，就是看它能不能够拿到非政府的资助，非政府的资助代表了社会的认可。

马国川：现在国内民众普遍对教育不满意，大学很难得到非政府的资助。

杨福家：老百姓对教育不满意，怎么会给你钱？而在美国，来自非政府的资助可以让教授安心研究，不用考虑生活问题。我们现在有多少教授全心全意在搞学术研究？包括学生，高中生不念书了，为了找工作，大学生最近几年也不念书了，教学质量怎么会高啊？我才不相信呢。

马国川：中国也在搞市场经济，许多人都在困惑，大学和市场应该是什么关系？

杨福家：大学校长、科学家与总经理绝对不能混在一起，这三者是个三角形，要搞科研，就专心搞科研，既要搞科研又要做大学校长，做不好的；要做生意，就专心做生意，既要搞学校管理又要做生意赚钱，也不可能做好。我做复旦大学校长的时候就讲，学校的责任不在于拥有多少家公司。我一直反对学校办公司，但是学校一定要为经济服务。美国的大学对美国经济的贡献是巨大的，有人统计过，美国经济的增长有70%来自大学。大学必须对经济发展有贡献，但这不等于大学一定要办公司。

马国川：大学应该对经济有贡献，并不等于大学就要办公司。

杨福家：大学不能办公司。大学可以抚育公司，并不意味着大学应该占有公司。你看麻省理工学院抚育出多少公司，可是自己没有一个公司。所以必须明确，在现代社会，大学为国家的经济发展贡献力量是责无旁贷的，必须为经济服务，但是并不意味着学校的每一个人都要做与经济直接有关系的工作。这是两码事。一定要有一部分人做长远的基础性研究，做他们有兴趣的研究，即使与经济毫无关系，也应该为他们提供良好的生活和研究条件，让他们安心工作。

马国川： 如果说大学和政府之间要有清晰的边界，那么大学和市场之间也要有清晰界限。

杨福家： 大学绝对不能营利。我一开始就反对“教育产业化”，因为大学教育是一项公益事业，绝不能营利。即使因为某种原因有一点收入，这些收入只不过是总收入的一部分，应该用于增加教学研究经费，绝对不能与教师的利益挂钩。教师的工资应该由学校来出，要保证他们安心工作，全力以赴，同学随时可以找到他们。可是现在国内大学教授兼职之风盛行，北京有一所大学的一位研究生，已经毕业了，他说老师的面都没见过！当然，教授也有他们的苦衷，学校里发的那点工资不能保证他们过上体面生活。问题是，这样子，中国教育搞得好吗?

通过制度设计实现权力制衡

马国川： 对于现在大学实行的“党委领导下的校长负责制”，一些学者也提出异议，认为应该改革，您的意见呢?

杨福家： 对于这样的领导体制暂时不要动，因为这是《高等教育法》里规定了的。但是一定要厘清，什么是“党委领导”？不是党委书记领导，而是党委集体领导。

马国川： 问题是，在实践中“党委领导下的校长负责制”往往会蜕变成为“党委书记领导下的校长负责制”，所谓集体领导最后往往变成一个人领导。

杨福家：确实如此。许多大学的党委会基本不开，即使开会，尽管党委书记只不过是委员会中间的一个，可是委员会其他成员敢讲一句与他不一样的话吗？常委会上，党委书记说了算。所以，我主张，要在现行的体制下改造党委会。

马国川：党委会要改造成什么？

杨福家：党委会成员至少有三分之一由教授中选出。什么叫“教授治校”？重点是有一套体制保证：教授，特别是在教学与科研第一线的教授受到充分的尊重；他们在学校内有充分的发言权与决策权。教授不一定要当官，但是教授一定要有发言权，教授在学校里最受人尊敬。在我们诺丁汉大学，教授绝对有权，表现在哪里？如果校长做得不好，30个校务委员会委员中有8名成员认为校长不合格，就会启动一个程序组织调查，而不是说通过教育部的程序来做，因为人家是一个非常独立的学术自治体。换校长要组成12人委员会，6个人是第一线的教授，还有6个人是具有教育经验、与学校没利害关系的校外人士，而所有管理层是不能进12人委员会的，包括现任校长。所以，校长是教授选出来的，必须对教授会负责，如果你不代表他们讲话，党委书记讲什么你就听什么，下次就不选你了。我认为，我们可以学习借鉴这种做法，党委会有三分之一是校外人士，三分之一是教授党员、学生党员选出来的，三分之一是学校领导层的负责人。

马国川：这个方式不错，至少可以防止集体领导变成一个人领导。

杨福家：党委书记只不过是组织中的一员，而且要明确规定他的职权在哪里。比如宁波诺丁汉大学是一所中外合作办的大学，由英国诺丁汉大学负责日常教学，我提出来非要有党委不可。为什么？我感到今天中国的大学里没有党委是不行的，那么党委干什么？第一，保证中国法律在学校里贯彻实施，监督学校不能违法；第二，在学校事务与政府发生关系的时候，党委去协调；第三，党委负责学生的思想工作，保证学校的稳定。但是学校的人事，党委不管，而是由校委会来讨论决定。经过改造，就可能真正做到“党委领导下的校长负责制”。

马国川：党委领导，校长负责。如果真正改造了，其实这样的体制也是可以的。

杨福家：关键是如何通过制度设计实现权力制衡。诺丁汉大学的学校委员会的领导不是校长。我是董事会的主席，我参加校务委员会，名单上我是第一个，但是校务委员会主席不是我，主席是校外的人士担任。我再举一个例子，我是执行校长，一个人执行不过来，任命了七个副校长帮助执行。校长权力大得很，今天任命你，明天就可以解雇你，不要任何人批准。但是三个委员会盯着你，多少眼睛看着你，谁敢乱来？把亲戚拉来做副校长？那是根本不可能的，马上会有人提议弹劾你。校长有权力任命副校长，但是有两个人不能任命：财务长和教务长。执行校长是校委会选举的，财务长也是由校务委员选举的，然后推荐给校董会任命。还有管教学质量控制的教务长也是校务委员会选举的。

马国川：校长、财务长、教务长三者是平行的。

杨福家：质量控制不在校长手里，财务权也不在校长手里。不像我们的财务长，如果不听党委书记或校长的话，马上就会被换掉。可是在诺丁汉大学，财务长工资很高，依法办事，只要他不违法，校长拿他没办法，因为他对校务委员会负责。教务长也是如此。

马国川：诺丁汉大学的这套机制设计是非常科学的。

杨福家：中国的大学负责人都要教育部任命，既然我是教育部任命，我为什么要听教授的？

马国川：您的观点给我启发非常大，如果真的把党委会改造了一下，可能是一个非常好的改良措施，能够解决我们面临的很多现实问题。

杨福家：总之，高等教育必须改革，对此，国家政府层面对一些重大问题作出决断是十分必要的。但是也很有一定难度，所以我主张拿出中国几个大学做试点，像南方科技大学可以算一家，宁波诺丁汉大学可以算一家；再从“985”高校里拿几个做改革试点，单靠一家是不行的，一定要再拿出来几个。

马国川：改革的方向就是让大学逐渐成为一个独立体，自主办学，实现大学自治。

杨福家：也不能完全做到自治，但是希望改革，途径就是在几个学校试点，三年以后就可见分晓。大学改革的关键是体制改革。理想的体制应该做到：尊重学校的办学自主权，教育事业还是应该由懂教育的人办。保证大学在国家宪法和法律框架内具有独立的思考、自由的表达的自主办学权。保证高等学校应当面向社会，依法自主办学，实行民主管理。

马国川：其实不单是教育改革，其实在很多改革上，都有这样的问题，就是改来改去，会发现碰到一个“天花板”，改不动了。

杨福家：这就要有比较英明的教育部部长、比较英明的总理支持做下去。否则，结果就是使得我们的现状继续下去，很难出杰出人才。

但是我相信，总有一天会改变的。

原载财经网2010年5月21日，收入本书时有修订

采访手记 “这是一位理想主义者”

我撑着伞来到复旦大学校门口，等待杨福家先生的助手陈弘先生。

细雨淅沥，人行道上尽是年轻的学子，步履匆匆。这是初入冬季的上海，几乎和北方同样寒冷，只是校园里的一片青葱景象提醒着我，这里毕竟是江南，而复旦大学绝对是江南的第一学府。这座创建于1905年的学府是中国人自主创办的第一所高等院校。“复旦”二字更是古色古香，它是创始人马相伯先生亲自从《尚书大传·虞夏传》中“日月光华，旦复旦兮”中选取出来的，意在自强不息，寄托当时中国知识分子自主办学、教育强国的希望。

在100多年的历史上，复旦大学曾经拥有一大批学术大师和著名学者，在国内外享有盛誉。更值得钦佩的是，复旦大学在教育史上也贡献了一批教育家，除了中华人民共和国成立前的马相伯、严复、李登辉，还有中华人民共和国成立后的陈望道、苏步青、谢希德，以及我要采访的杨福家先生。

陈弘先生走来，带领我走进校园里的一座三层楼房。这里就是杨福家先生工作的现代物理研究所。在一楼的楼梯口处悬挂着六位华人诺贝尔奖获得者的大幅照片：李政道、杨振宁、丁肇中、李远哲、朱棣文和崔琦。

在二楼的办公室里，我见到了仰慕已久的杨福家先生，一个气质儒雅的老先生。他身上没有丝毫国内大学校长习见的“官气”，一副标志性的大框眼镜下是一双真诚的眼睛。他请我坐在沙发上，自己则拉了一把椅子坐在我的对面。我感到有些局促，因为他毕竟是73岁的老人，可是他没有过多地客套，就开始了谈话。很快，他对大学问题的真知灼见就把我拉进了话题之中。

他那厚厚的眼镜片，闪烁着“对人生、对世界、对祖国、对自己、对未来”的理想主义光彩，还有一位教育家忧国忧民的情怀。据说，曾经是复旦大学最年轻的教授的王沪宁曾经这样评价他眼中的杨福家校长：“这是一位理想主义者，在他的身上有一种吸引人的特质，这就是毫无迟疑的信念和绝无虚妄的豪情。”

2001年，杨福家受聘出任英国诺丁汉大学校长，成为出任英国知名院校校长的第一位在籍中国人。在英国历史上，皇家特许的大学校长大多由皇室人员担任，有很高的地位，但诺丁汉大学打破了这个传统。“因为中国教育越来越开放，所以给了我很多机会。”杨福家回忆说：“1996年，我第一次参加国际大学校长协会的会议，这个协会的执行理事会里一直没有中国大陆的代表。我事先做了充分的准备，于是被选入执行理事会。正是作为执行理事，我后来参加了多次国际会议，还带领校长代表团访问了英国。在多次接触后，我和诺丁汉大学的校长成了好朋友，我们在教育观点上有很多共识，所以在我卸任复旦大学校长后不久，他就向我发出了邀请。”

至今杨福家已连任三届诺丁汉大学校长，这也成为国内津津乐道的话题。可是国内的主流媒体往往聚焦于“中国的骄傲”之类，忘记了他对中国教育的痛切批评。在国内大学争先恐后高调“办世界一流大学”的氛围里，杨福家指出许多大学连什么是“一流大学”都不清楚，不断合并、不断扩招、不断增设专业并非正确的方向。在走访很多国外一流大学后，杨福家得出的结论是：“我认为，看一所大学是不是真正的一流大学，有这样两条标准：一条是，学生在大学毕业后，是否会得出‘这所学校改变了我的一生’这个结论；另一条是，大学是否能给教师足够的空间让他们安心做学问。”

面对满头华发的杨福家先生我感慨万千：杨福家诚然是中国的

骄傲，但是真正了解他的人又有多少呢？千年前范仲淹曾经慨叹：“微斯人，吾谁与归？”杨福家先生的心中是不是也常常有同样的感叹呢？